U0036221

李歐塔

Lyotard

鄭祥福／著

編輯委員：李英明　孟樊　王寧
　　　　　龍協濤　楊大春

出版緣起

　　二十世紀尤其是戰後，是西方思想界豐
富多變的時期，標誌人類文明的進化發展，
其對於我們應該具有相當程度的啓蒙作用；
抓住當代西方思想的演變脈絡以及核心內
容，應該是昂揚我們當代意識的重要工作。
孟樊兄和浙江杭州大學楊大春副教授基於這
樣的體認，決定企劃一套《當代大師系
列》。

　　從八〇年代以來，台灣知識界相當努力
地引介「近代」和「現代」的思想家，對於
知識分子和一般民衆起了相當程度的啓蒙作
用。這套《當代大師系列》的企劃和落實出
版，承繼了先前知識界的努力基礎，希望能
藉這一系列的入門性介紹書，再掀起知識啓
蒙的熱潮

　　孟樊兄與楊大春副教授在一股知識熱忱
的驅動下，花了不少時間，熱忱謹慎地挑選
當代思想家，排出了出版的先後順序，並且
很快獲得揚智文化事業股份有限公司葉忠賢
先生的支持，能夠順利出版此系列叢書。

　　這套書的作者網羅了兩岸學者專家和海
內外華人，爲華人學界的合作樹立了典範。

　　此一系列書的企劃編輯原則如下：

1. 每書字數大約在七、八萬字左右，對
   每位思想家的思想作有系統、分章節
   的評介。字數的限定主要是因爲這套
   書是介紹性的書，而且爲了讓讀者能
   方便攜帶閱讀，提昇我們社會的閱讀
   氛圍水平。

2. 這套書名爲《當代大師系列》，其中
   所謂「大師」是指開創一代學派或具
   有承先啓後歷史意涵的思想家，以及
   思想理論具有相當獨特性且自成一格
   者。對這些思想家的理論思想介紹，

除了要符合其內在邏輯機制外，更要通過我們的文字語言，化解掉語言和思考模式的隔閡，為我們的意識結構注入新的因素。

3.這套書之所以限定在「當代」重要的思想家，主要是從八〇年代以來，台灣知識界已對近現代的思想家，如韋伯、尼采和馬克思等都先後有專書討論。而在限定「當代」範疇的同時，我們基本上是先挑台灣未做過的或做得不是很完整的思想家，做為我們優先撰稿出版的對象。

這本書的企劃編輯群，除了包括上述的孟樊先生，楊大春副教授外，還包括李英明教授、王寧博士和龍協濤教授等諸位先生。其中孟樊先生向來對文化學術有相當熱忱的關懷，並且具有非常豐富的文化出版經驗以及學術功力，著有《台灣文學輕批評》、《當代台灣新詩理論》、《大法官會議研

究》等著作；楊大春副教授是浙江杭大哲學
博士，目前任教於杭大，專長西方當代哲學，
著有《解構理論》等書；李英明教授目前任
教於政大東亞所，著有《馬克思社會衝突
論》、《晚期馬克思主義》、《中國大陸
學》等書；王寧博士現任北京大學英語系教
授，「中國比較文學學會後現代研究中心」
主任、「國際比較文學協會出版委員會」委
員、「中美比較文化研究會」副會長、北京
大學學報編委；龍協濤教授現任北大學報編
審及主任，並任北大中文系教授，專長比較
文學及接受美學理論。

　　這套書的問世最重要的還是因為獲得揚
智文化公司董事長黃亦修先生的支持，我們
非常感謝他對思想啓蒙工作所作出的貢獻。
還望社會各界惠予批評指正。

李英明　序於台北

1995年1月10日

序言

　　每當人們提到後現代主義或後現代哲學，自然難免提到李歐塔（Jean—Francois Lyotard）。正如德希達、傅柯、詹明信等著名的法國哲學家一樣，李歐塔的思想也倍受人們的重視，他的文化後現代主義是令人注目的。

　　李歐塔的文化後現代主義不僅影響著歐洲人的思想風貌，而且給全球知識分子帶來了蕩滌現代文化的衝激浪潮。他對後現代主義的推波助瀾作用，可以說不亞於一顆原子彈的破壞性後果。

　　李歐塔的聲望，是在其出版了法文版、英文版的《後現代狀況》(*The Post-modern Condition*；*A Report on knowledge*)一書後確立起來的。這本小書在英語國家發行

後，它的某些觀點立即引起了激烈的爭論。整個八十年代，人們對它都給予了特別的關注，表現出了空前的熱忱。近十年來，李歐塔的思想也在我國流行，《後現代狀況》（在於台灣有羅青翻譯的中文本，收入在《什麼是後現代主義》一書中）一書成了廣大青年學者、理論研究者們進入後現代主義領域的入門書，而李歐塔則大有後現代主義思潮領航人的風采。

與德希達一樣，李歐塔的思想是人們最喜聞樂見的。與德希達不同的是，李歐塔不僅研究了後現代哲學，而且還涉及了後現代的整個知識狀況，包括了美學、政治學、文學、藝術等各個領域，對倫理、政治、西方哲學的語言轉向、形而上學的衰落、馬克思主義熱潮的消退、理論提出的理想之破滅、政治上的失望等等，都作出了自己獨特的闡述。如果說海德格、德希達等人促進了後現代哲學的形成與發展，那麼，李歐塔則不僅限於此，他並且推進了文化後現代主義的開

展。

　　李歐塔對後現代狀況的研究，產生的後果是破壞性的，假設，現代文化是座木材結構的房屋，那麼李氏的思想就如同是在這座屋宇底層放了致命的一把火，這把火燒成什麼樣子，導致什麼結果，他並不予理睬。

　　本書是對李歐塔思想的大概介紹，文中未作足夠的評論，許多觀點留待讀者自己去理解。然而，我們可以坦率地說，後現代主義是在我們還來不及反省的那些地方出現，它與我們的常識大相逕庭、無法溝通。同時，後現代主義本身絕非一個簡單的時間概念，它的許多理論觀點是不明確且含糊的，所以難免會在閱讀中留下模糊的印象。當然，筆者所掌握的材料僅限於英文文獻，對李歐塔的思想還尚待進一步搜索與研究。

　　最後，還要感謝我的學兄楊大春先生多方指導與支持，使這本小冊子得以完成。

　　　　　鄭祥福　於浙江師範大學

目　錄

導論

「後現代主義」（post-modernism）是一股風行歐美乃至全球的文化思潮。

後現代主義是什麼？這是一個極難回答的問題。無論哪一門學科，對這個問題都可能產生全然不同的回答。總的來說，爭議多而一致性少。主要原因在於：其一，後現代主義文獻本身是令人混淆的，以致這些文獻也常常被人們搞混。人們對後現代主義的一些新詞彙還不很熟悉，諸如「差異」、「語境間關係」、「思維的習慣」、「話語」、「遊戲」等，對我們來說還不具備自明性，而使用它們的人有時也是含含糊糊的。其二，對一些現代主義思想已根深蒂固的人來說，放棄過去的思維習慣與基本概念框架是一件痛苦的事。

何謂後現代主義？李歐塔曾對這個問題作過回答。他在《後現代狀況》一書的末尾部分以「回答問題」為題，著重說明什麼是後現代主義。但是，儘管他費盡口舌，這個問題實際上還是沒有得到解答。之所以這個

問題的回答如此困難，就是因爲後現代主義
反覆無常的性質是突然施加於我們的，人們
以往的哲學、文學理論、詩歌、藝術、建築
學等都與之相矛盾，那種一下子被淹沒的感
覺很難迅速地消除。

因此，對該問題的回答，與其說後現代
主義是什麼，不如說後現代主義不是什麼更
容易些。這樣，我們就可以著重地說，後現
代主義不是現代主義。一般地說，後現代主
義理論包括兩個領域，其一是知識領域中的
後現代主義，其二是社會政治、經濟現象中
的後現代主義。不同領域中的後現代主義現
象固然是有差別的，但總的性質基本相同。
可以這樣說，後現代主義是現代主義霸權地
位的動搖，是現代主義發展到最近的產物。

後現代主義沒有特殊的發源地，這也是
我們難以理解後現代主義是什麼的原因之
一。我們無法明確地爲之劃定一個範圍，或
劃定一個具體的時間界限。一般說來，後現
代主義源自於打破舊觀念、形成新觀念的邊

緣，植根於現代生產和實踐的終點，發生在那些自我覺醒、自我反思的多重性邊緣上。後現代主義並沒有開創藝術、哲學、文化乃至習慣行為的新領域，其真正的意義是邊際化、散播、去中心化。

為了理解後現代主義，我們回顧一下現代主義是從何開始的。

「現代」這個詞有時可以與「現在」多多少少有點相類似。一般是指十七世紀後期以來的這段歷史時期。十八世紀，這個術語開始衍生出了「現代主義的」、「現代化」與「現代主義」等詞彙，並被廣泛地用於表示變化、表示現代化的過程。在整個十九世紀，它被用於指完善和進步。然而到了二十世紀中葉，現代主義顯然就有點回顧的意味。二次世界大戰以後，現代主義一詞的用法與之前的用法開始表現出明顯區別。有人對現代主義存在與發展的時期作了如下劃分：

第一個時期——啓蒙時期。這個時期是

以十八世紀法國的哲學運動為主題的，它直接與「理性的時代」相連接。這個時期現代主義的宗旨是反對宗教與神學、消除宗教的權威性，使宗教中的上帝世俗化為食人間煙火的人。牛頓、洛克、巴士葛、笛卡兒等人的著作為人們從宗教的桎梏中解放出來創造了條件，作出了科學的論證；而盧梭等人則為人的自由與平等的權利大唱讚歌。在這個時期的哲學家們信仰物的秩序，主張社會的合理性，相信真理是能夠為人們所鑑別的。

第二個時期──美學時期。1848年之後，現代主義作為一個美學用語，它對科學和合理性作為通向理解與通向真理之路的這種單一的啟蒙概念提出了質疑。用美學的觀點看，可以有許多種發現真理的方法。這種懷疑精神實際上早就暗含在笛卡兒、休謨等人的著作中了。笛卡兒曾經提出了「我感覺所以我存在」、「我思故我在」的著名命題，認為對所有的知識都必須加以懷疑。這種精神促使現代主義以啟蒙為目的的理性主

義、工具主義發展到了美學階段。在這個時期，各種文化的發展、實驗科學、發明等在西歐與北美蓬勃向前。藝術、文學、哲學等也節節向前進步，只是在歐洲資產階級革命的國內戰爭時期稍有停頓，內戰之後，文壇作家星羅棋布，尼采、馬克思、列寧、韋伯、喬伊斯、畢卡索、索緒爾、愛因斯坦等都是在這個時期湧現的。

第三個時期——英雄混戰時期。資本主義世界進入本世紀初，便開始出現了兩次大危機，隨著兩次大危機的來臨，便產生了兩次世界大戰。隨著戰爭的進行，一部分人提出了「以戰爭制止戰爭」的口號。在這個時期，現代主義表現出的特點就是尋找英雄、尋找一種和平的「神話」來實現啓蒙的目標。於是，最終便出現了各個政治巨頭把自己的意志強加給人們的局面，例如義大利的墨索里尼等。

第四個時期——二次世界大戰結束之後。這是一個在科學技術、思想文化等方面

高度現代化的時期。在這個時期，美國迅速
崛起，現代主義幾乎是與美國在世界上的支
配地位和資本主義的國際滲透相提並論。隨
著資本主義世界的二次大危機與兩次世界大
戰的歷史事件的形成與結束，人們對現代主
義開始感到失望，現代主義開始失去其前衛
派的角色。在這個時期，許多科學家、文學
家也開始走向世俗化道路而成為邊際化的人
物，每個在社會上活動的人都充當著一個經
濟人的角色。整個西歐，乃至其他國家看到
了美國的科學與民主，開始做「美國夢」。
哲學則在這個時期形成了各種聲音，從結構
主義、實在論到行為主義、人道主義。現代
主義的概念在這個時期開始具有一點諷刺的
意味。一種危機性的意識逐漸釀育形成，這
就是所謂的反現代主義。

　　從反現代主義那裡，人們可以聽到激活
現代精神中某些東西的聲音，這就是後現代
主義。它作為現代主義或現代性發展的產
物，義無反顧地出現在現代主義的最前沿。

後現代主義接受變化、迎接多元性的挑戰，拒絕真理、拒絕現代時期作出的一切結論與基本前提，對現代主義的政治、文化、科學、藝術、哲學等一切方面形成了強大的攻勢。

　　由於這種全面挑戰的必要性，後現代主義似乎需要重新創造一套新的語言、重構新的語境。這裡，我們可簡單列舉幾個。例如「後現代性」（post-modernity）與「後現代主義」，後現代性指的是人類活動新時期中出現的廣泛的文化狀況或條件，而後現代主義則常常被用於指一種藝術風格或運動。當然，這未必是對這兩個概念的完全正確的規定。

　　隨著這樣一些後現代狀況的出現，從理論上分析後現代主義就有必要了。論述後現代主義的文獻可以區分為兩代：第一代是由拉岡、傅柯、德希達、德勒茲（Deleuze）等人在本世紀七十年代開始的；第二代則是以李歐塔為先鋒，伴有詹明信（F. Jameson）和布希亞（J. Baudrillard）等人的後現代

主義文獻。這兩代人之間的區別是：第一代
人主要關心哲學，反對黑格爾主義，他們的
周圍群集著一批巴黎學派的知識分子。第二
代人則開始自覺意識到自己是後現代主義
者，他們以馬克思爲基礎，他們的研究是辯
證的、具體的、非抽象性的，其範圍涵蓋了
各門社會科學，不僅是知識的，而且涉及政
治、社會生活等文化領域。他們所推崇的是
一種更廣泛的後現代主義。因此，李歐塔等
人的影響之大並不亞於德希達等人。

　　李歐塔所論證的後現代主義並不側重於
主體的消融，而是針對後現代的知識狀況，
否認知識是對實在的眞實表象，批判啓蒙時
代的主要目標與理想化的社會構型，它雖承
認社會的進步性，但進步則意味著多樣化、
多重性的分化，卻不意味著一種理論比另一
種理論、一種模式比另一種模式、一種狀態
比另一種狀態更好的線性發展。正是在此意
義上，後現代主義者拒絕談論進步，拒絕線
性的歷史進步觀，放棄任何關於社會的理想

形式。

對李氏一類的後現代主義者而言，實在
世界並非是某種等待我們去發現的東西，更
為確切地說，我們稱之為知識的東西本質上
就是社會的或文化的建構。因此，就有許多
種不同的實在世界。這樣一種相對主義觀點
常常是在維根斯坦「語言遊戲」的旗幟下引
進的，與維根斯坦不同的是，李氏一類後現
代主義者主張語言並不描述實在世界。既然
知識是社會的建構，那麼語言也是如此，語
言是以其內在的習慣性規則而進入語言遊戲
的語言，獨立於遊戲之外的語言是沒有多少
意義的。

李歐塔的後現代主義拒絕人的理性的普
遍性，否認客體世界的存在。因此，我們是
無從言說真理的。即使有真理，也是多重的，
並且它既不是絕對的也不是普遍的。

李氏認為，在後現代狀況下的知識必須
重新定義，必須與後現代主義拒絕真理的那
種觀念相結合。知識作為一種研究性的產物

已經結束了，代之而起的是談話中的知識，學術已經趨於黃昏，它日薄西山，氣息奄奄，而談話或對話則正蓬勃興起，氣象萬千。在人們之間的對話中，「最終目的」已不復存在，主客體融為一體，對話中舊式反映論的符合論已經消失，普遍規則或是標準也不存在，每個參加談話的人都將面臨著這樣的情景：每個人在談話中都是公平的，任何人都不會服從別人，任何人都無權叫別人去聽從他。這樣一種後現代話語、後現代的語言遊戲是非邏輯的，人們在各個遊戲中都各持己見，自由自在。後現代哲學的作用是讓人們在遊戲中充分發揮自己創新的作用與潛力，動動腦筋，提出新見解，充實多樣性、多元性。

　　以上所述，與其說我們是在解釋「後現代主義是什麼」，不如說是在說明「後現代主義做什麼」。因為，說明「後現代主義做什麼」將比解釋「後現代主義是什麼」爭論更少些，顯得較為簡單一些。

　　這本小冊子也正是為了介紹李歐塔的後現代主義「將從事什麼的」。它基本上圍繞著以下幾個方面：一、李歐塔對後現代知識狀況的分析；二、李氏對審美判斷的後現代性說明；三、李氏對後現代話語中公平的遊戲的分析；四、李氏的政治後現代主義觀點。

第一章

作爲機會
主義者的哲學家

李歐塔（Jean-Francois Lyotard）是
當今法國頗有名氣的後現代主義哲學家。他
的少年時代，經歷了資本主義世界的第二次
經濟大危機和第二次世界大戰的創傷。他的
大學時代是生活豐富而又複雜的，那時，世
界上正在興起各國反對殖民統治、爭取民族
獨立的解放運動。起初，他追隨馬克思主義，
而後又追隨佛洛伊德。

李氏曾研究過現象學，他的第一部著作
就是《現象學》，出版於1954年。在五十、六
十年代這個時期內，他參加了無產階級的革
命鬥爭，尤其是對阿爾及利亞爲爭取民族解
放、擺脫法國殖民統治的鬥爭十分關心。他
在這個時期是個堅定的革命者，曾以馬克思
主義和精神分析學爲理論武器批判過李維斯
陀的結構主義。在這個時期，他的哲學是一
種「實踐哲學」，一種社會主義的實踐哲
學，他的箴言是馬克思所說的「人是勞動的
產物」。但是，他的社會主義思想是托洛斯
基式的，主張布爾什維克的世界社會主義化

觀點。

　　1971年，他在長期的反思之後，出版了第
二部著作，即他的博士論文《話語‧象徵》
(*Discourse, Figure*)。這篇博士學位論文是
以論述心理分析與藝術爲主題的。這本書的
思想我們很難加以討論與表達，總的說來有
兩個部分：一個部分是他的應用性分析，即
對「希望」的歷史片斷的分析（這裡的希望
一詞代表馬克思的社會主義理想）；另一個
部分是以閱讀佛洛伊德著作爲基礎，闡述了
「力必多」（性慾）(libido) 的美學。第
一個部分的分析方法依賴於現象學而非精神
分析法，儘管其表面上看似乎是反對現象學
的預設前提的。在這裡，我們可以發現他對
結構主義與當代許多法國哲學家的批判。他
的分析得出了與德希達相同的結論，即結構
的消融、主客體的消融、以及反再現論等。
這些批判性的結論促使其後來寫成《分歧》
(*The Differend: Phrases in Dispute*)（或
差異）一書。《話語‧象徵》一書的後半部

分，分析了思想與作品之間的差異。他對佛
洛伊德的《夢的解析》作出了自己的分析，
認為夢的文字表達不等於夢的真實過程。他
的結論是：夢並非話語，並以此批判了拉岡
（J. Lacan）的觀點。此外，李歐塔還對象徵
作了說明，認為象徵依賴於違背的概念，象
徵違背了話語的規律，反對尊重不變空間與
替換規則。有關這個概念，他在其第三部著
作《力必多經濟學》（論文集）中繼續作了
討論。

在整個五、六十年代時期，李歐塔可以
說是一個好戰分子。但在經歷了這個時期之
後，李歐塔作出了兩個發現：第一，他發現
了他自己曾經一貫主張的真理（指社會主
義），事實上除了是一種道德理想外別無其
他含義。因此，它根本就不是真理，而只是
對真理的期望之表達。第二，以革命的馬克
思主義為參照的真理之崩潰，不是哲學遊戲
中變化的結果，而是分析具體歷史狀況的結
果。這兩個發現，是與批判蘇聯的國家社會

主義相關的，其分析的主要進展來源於對史
達林為首的反對世界社會主義化觀點的察
覺，因為史達林的國家社會主義違背了布爾
什維克的初衷，違背了世界社會主義的理
想。同時，蘇維埃政府在實際上仍是一種國
家統治的形式，是政治經濟領域裡新的剝削
形式；它雖詛咒啓蒙運動關於人的解放的敍
事，但又將自己建立在它所敍事的東西之
上，建立在勞動者平民階層之上，建立在人
們的觀念之上，並從這些平民百姓的觀念中
得出它的合法性。

　　從另一方面說，1968年席捲歐洲的「五
月風暴」雖然一開始轟轟烈烈，但最終是失
敗了。於是，李歐塔在這個時期便與革命者
組織相脫離。1964年，他與所謂的「社會主義
就是不文明」組織分道揚鑣。在這之後，他
寫了許多反對馬克思主義與佛洛伊德精神分
析學的文章，這些文章在1973年收集在一本
論文集中得以出版，其論文集的標題是《背
叛馬克思和佛洛伊德》，表示了對馬克思與

佛洛伊德的不信任。當「後現代」這個詞與
李氏相聯繫的時候，李氏的這種反對觀點就
表達成了「對後設敘事（meta-narratives）
的不信任」，或稱作「後設敘事的危機」。

　　1974年，李歐塔出版了《力必多經濟
學》一書。這本書中所闡述的內容為李氏後
來的一些著作所徹底否定，他認為這本書的
出版是件醜聞，缺乏亞里斯多德意義上的辯
證法。

　　這本書是李氏當時思想的自述，他承認
這本書可以被當作一系列主題來理解。這些
主題是不一致的，它們以柏拉圖對話方式避
開了讀者的操作，用經濟的意義來理解，這
些都是理性的終結。李歐塔把馬克思主義政
治經濟學與佛洛伊德對力必多的分析的驅動
理論看作是相一致的。他的所謂力必多經濟
學原意也就是關心既作為寫作理論也作為文
本分析的文本的，既可應用於精神分析的手
段，也可應用於書寫的文本或藝術作品。在
這裡，力必多經濟學具有美學維度，因為，

它是在李歐塔早期對精神分析與藝術的研究
思想中逐步形成的。

　　《力必多經濟學》一書對馬克思政治經
濟學作了分析。他認爲，「馬克思等於欲
望」（〝The Desire Named Marx〞）。
有三點理由可以說明：第一，這本書以強烈
的修辭方式尊重馬克思及其後繼者們所留下
的那種好戰的合法性；第二，這本書表明了
李歐塔本人解構的寫作實踐，它用對馬克思
文本的重複、推延、矛盾心理的主題，透過
對「欲望」的分析，從而得出了對馬克思後
設敍事的不信任。第三，這本書確立了對布
希亞思想的否定性關係。李歐塔在這本書中
宣稱，應當把馬克思看作好像是一個有影響
的作者，把馬克思的著作看作是儍話而非理
論。他主張要以複雜的力必多沒有愛憎地激
活馬克思，透過對力必多的分析來激起好戰
的情緒、表露「欲望」，揭下資本的假面具，
並終止資本的統治，實現理想主義者的人的
本質的復歸，實現人們之間的愛、男女之愛。

　　李歐塔還認為，馬克思可以分為力必多
的馬克思階段、年輕的女性的馬克思階段和
老年的馬克思階段。他則與這些階段的馬克
思不同，他認為，資本的意願絕不會誕生一
個健康的社會主義嬰兒，因為資本的軀體是
不育的。他說，我們要目擊社會主義的流產，
因為社會主義與資本主義是兩個互不相容的
形態，我們絕不能夢想這兩者的一致性。他
認為，在資本與勞動之間，馬克思只表達了
無產階級的力必多特徵。李歐塔還對馬克思
關於異化與勞動之間的關係提出了批評，認
為想像一個沒有政治的經濟與沒有潛意識存
在的社會是荒誕的。

　　李歐塔《力必多經濟學》雖然在觀點上
似乎沒有什麼承前啓後的聯繫，但卻為他後
來寫作《分歧》一書作了準備。

　　毫無疑問地，李歐塔一生中的思想是多
變的。我們大概可以把他的思想變化分為這
樣幾個轉變：第一次是他在《話語‧象徵》
中對早期現象學觀點的否定；第二次是《力

必多經濟學》中對其早年馬克思主義、佛洛
伊德主義思想的否定；第三次就是他的《後
現代狀況》、《公平的遊戲》（*Just Gam-
ing*）二書，以不同方式提出了倫理與政治問
題，這也是他從前從未提到的，他把他的某
些思想擴展到了整個文化領域；最後是《分
歧》一書，幾乎全部放棄了他早期的觀點，
同時他也把自己的某些主要思想歸之於康德
與維根斯坦。他後期的著作是以重新閱讀前
期著作爲基礎的。

　　《後現代狀況》、《公平的遊戲》、
《分歧》這三本著作集中反映了李歐塔的後
現代主義思想，在這些書中，他分析了後現
代的知識狀況，對總體性、極權主義、決定
論、一元論等作出了有力的挑戰，分析了由
公正問題引起的倫理學與政治學的後現代性
問題。如此等等，都反映了李歐塔是一位訓
練有素的哲學家。他的著作論證嚴密、富有
很強的邏輯性。以致這些著作使他在英語國
家獲得了很高的聲譽。

　　但是，由於李歐塔一生觀點多變，有的人認為他是一個十足的機會主義者。這種多變的思想軌跡給我們對他的介紹帶來一定的困難。不過，我們大略地介紹了他思想的進程，初步能使人了解這一點。由於李氏在英語國家的影響主要是由其後現代主義思想所造成的，所以，在下面的幾章中，我將著重介紹他的文化後現代主義觀點，亦即限於他被譯成英文出版的後期著作的內容。

第二章

後現代性
與分析方法

　　後現代主義是一股文化思潮，分析後現代主義不可能僅限於某一領域。李歐塔對後現代主義的分析突破了以往後現代主義哲學家、文學家、藝術家、建築學家等的局限性，以知識為對象展開對後現代主義的解釋。

　　值得一提的是，在李歐塔眾多的著作中，唯《後現代狀況》一書的影響最廣最深，儘管這本書是一個偶然的產物，是應魁北克大學某委員會的請求，作為一個臨時的「有關知識的報告」而寫的。其影響深廣的主要理由，在現在看來似乎是他立足於對後現代知識的分析，舖開了對現代主義的全面攻勢。面對這種分析，人們既感到有些難以承受，又感到在長期的現代主義沈悶空氣中透露了徹底調節的希望。我們且從李氏的《後現代狀況》一書著手敘說他的整個思想。

一、後現代狀況

顧名思義，「後現代狀況」指的是西方整個後現代主義思潮形成的條件狀況，即社會狀況、思想狀況、文化狀況。李歐塔認為，後現代狀況主要是指後現代的知識狀況。一般說來，後現代狀況是與以下二個方面相聯繫的：

第一，知識的計算機化，從而使科學話語和知識的敘事（或敘說）功能成為接受知識、理解知識的手段。

李歐塔在《後現代狀況》中，開宗明義地提出了後現代的領域問題，明確地指出，後現代主義的領域就是後工業化時代的社會和後現代文化的知識狀況。自從五十年代進入高速發展的後工業化時代以來，科學知識轉變成了一種話語，科學、技術與語言聯繫

在一起，音韻學與語言學理論、交往問題與控制論、現代代數學與訊息論、計算機語言的翻譯和計算機語言中可容性領域的研究、訊息貯存和數據庫問題、電話教學與智力終端的完成、悖謬學問題等等這樣一些事實，無不說明一點，即知識是一種語言、一種語篇或話語（discourses），以致在今天我們不僅談論它們，而且透過計算機來利用它們。這表明，對語言的研究已日益成為一個令人注目而又十分重要的方面。

對知識的這些技術性處理，使知識不斷地改變形態，產生前所未有的影響。因此，探究知識的轉換、獲取知識轉換的方式，在當代變得十分突出。這種突出的特點被概括為哲學的命題，即當代哲學正在實現向語言研究的轉向。

知識的本性就是它能透過某種通道轉變成可接受與可操作的訊息。只有當知識轉變成一種訊息量時，知識才是可操作的。如果構成知識體系的東西不能被轉譯成訊息，那

麼它就會被拋棄。在我們這個時代，訊息化
已經是一個突出的時代特徵，新的研究成果
都必須轉換成計算機語言，知識的生產者與
運用者都必須掌握訊息化過程，學會計算機
的操作，了解並具備把知識轉換成計算機語
言的手段和能力。

　　由於科學知識與社會生產的一體化，以
致於知識的訊息化導致知識的商品化。知識
成了價值的一種形式，人們可以為出售知識
而生產知識，為維持新的生產而消費這些作
為商品的知識。人們公認的是，在幾千年的
人類文明史上，知識已經成為以往社會發展
的動力，尤其是在近幾十年中，知識成了主
要的社會生產力，在那些高度發達的國家
裡，它已經成為構成勞動力的極為有效的成
分。知識的這種狀況在過去以及將來都是導
致發達國家與發展中國家差距懸殊的理由之
一。

　　知識決定了當代世界各國發展的前景。
終有一日，國家或民族之間將會為了控制訊

息而戰鬥，就像過去為了瓜分領土、控制領
土而發動戰爭一樣，像人們為了控制原材料
的開發、爭奪石油與廉價勞動力而發動戰爭
一樣。發達國家與發展中國家之間的區別，
不再是知識與無知之間的區別，誰如果能夠
竊取經濟、文化、政治、科學技術等方面的
情報，誰就能趕上乃至超過別國的發展。而
在本國的發展中，關鍵將取決於「知識償
付」的能力與方式，取決於「知識投資」、
「智力投資」。教育的價值與政治的重要性
比財富更為突出。

　　知識的訊息化、商品化給知識提出了一
個問題，即當今社會中科學家由於看重經濟
利益而常常把情報、訊息轉售給企業主或別
國政府，他們的竊取與轉售訊息使科學家開
始非道德化，金錢似乎成了支配知識的決定
性力量，價值成了衡量知識的合法化標準，
從而使從前科學知識的經過實證而合法化的
公認觀點逐漸喪失。科學知識的領先地位與
權威性觀念將變得愈來愈淡薄。

　　第二，後工業社會的狀況，改變了政治
與文化的結構。

　　「後工業社會」是由美國著名的當代社
會學家丹尼‧貝爾（D. Bell）提出來的。丹
尼‧貝爾研究了近幾十年來美國以及其他發
達國家的發展狀況，研究了現代社會發展後
期出現的工業化面貌，把最近幾十年來出現
的工業化發展方向概括為「後工業社會」
（post-industrial society）。

　　丹尼‧貝爾認為，正在進入後工業階段
的各個社會是有不同的政治與文化結構的，
所謂統一的社會發展模式在今天無非是一種
談說的笑料，今後所出現的也絕非實質性的
某種模式化的社會形態的發展。他認為，後
工業社會是現代社會發展多元化的產物，是
一種「概念性圖式」，而非一種實質性的模
型。後工業化社會的本質特徵，是理論知識
占居社會變化中的核心地位，理論知識是組
織新技術、促使經濟增長、組織社會階層的
一個中軸。在後工業化社會結構內，有著建

立各種體制的不同中軸，社會根據其政治制度與社會結構、文化關係而有所不同。

丹尼·貝爾的研究表明，隨著各種體制的不同，社會在政治、文化等各方面將呈現出差異，我們不可能找到一個固定的分析模式，也不可能找到評價它們的唯一標準。我們所具有的就是自己的習慣性文化，而各種不同的習慣性文化是不可通約的、無法統一的。

科學知識合法性的喪失與社會形態合理性發展期望的破滅，使李歐塔得到了啓迪，我們正在經歷的是一種與現代主義截然有別的狀態，要尋找它們的「眞實」意義是不可能的，它們只能透過我們談論它們的不同語境間的關係來理解。換言之，即透過「語言遊戲」方法來展現它們在使用中的不同意義。

二、語言遊戲

　　知識的訊息化與商品化及其在社會發展
中的關鍵性地位，產生了兩個問題：一是誰
決定什麼是知識？二是誰知道什麼需要被決
定？在計算機的時代，知識的這些問題比政
府的領導還要重要。知識合法性的喪失也給
我們提出了重新定義知識的問題，知識究竟
是什麼？

　　李歐塔藉由對後現代知識狀況的分析，
認為要解決這些問題，關鍵是要有一種適當
的分析方法，而不是對它們加以直接的定
義，因為直接定義某物、為之劃定界線，這
在後現代主者看來是不可思議的。那麼，適
當的分析方法是什麼呢？他認為是「語言遊
戲」。

　　「語言遊戲」（language game）一詞最

早見於維根斯坦（Ludwig Wittgenstein）的後期著述中。維根斯坦認爲，要分析命題的意義，我們只要觀察它的使用情況就可以了，我們不必先問這個命題有什麼意義，而應先問其有什麼用途。他認爲，語言是個工具箱，我們打開這個工具箱，可以發現有許多種不同的工具，每一個工具又都有其不同的用法，我們要確定它是什麼，就得像小孩子玩遊戲那樣，列舉出這些工具的用途來，從而使之在每種用途中獲得它的意義。這就是維根斯坦著名的「語言遊戲」理論。

　　科學知識都是一種話語或語篇，它們本身是在一定的語境（context）中產生的，因此，各種不同的科學知識所談論的未必是相通的，尤其是對各種不同的語種而言，更具有理解上的差異。李歐塔非常贊同維根斯坦的「語言遊戲」說，強調語言的事實，特別是強調其語用的方面。他認爲，在一個談話的語境中形成的語句，是由語句的發送者、接收者、語句的指稱、說話的場所等等因素

構成的。語句的發送者處在一個「知者」的
地位，而聽者則處在一個同意或反對的地
位，指稱則是需要正確地分辨、領會和表述
的部分，它是我們理解語言並進行交往的必
要條件。

　　在語言的語用學各因素中，語句的發送
者顯然處於一個權威性的地位，他期望接收
者能夠理解並按照他所發出的語句的意思完
成一個行為。例如一個祈使句：「把錢送到
學校去」，顯然是如此。那麼，究竟怎樣才
算是與語句發送者取得一致的理解呢？有沒
有語言遊戲的統一規則呢？李歐塔認為，形
成下列三類語言遊戲的觀察是有用的：第
一，語言遊戲的語言規則並不在語言中貫穿
其合法性，而只是在使用者即語言遊戲中的
各個合作者之間貫穿其合法性；第二，如果
不存在遊戲的規則，那就不存在語言遊戲
了，遊戲不可能不形成一種規則；如果言語
不滿足於遊戲規則，那麼它就不屬於遊戲參
加者所確定的遊戲；第三，每一言語的發出

都應當被看作是遊戲的正在進行或遊戲的開始。

　　鑑於以上三者，我們可以得出第一條原理就是：從遊戲的意義上說，說話就是爭辯，言語行為屬於一般的論戰，但這並非是說一個人必須為了獲勝才進行這個遊戲的。遊戲的開始或正在進行，是為了實現人們發明遊戲的快樂，這種快樂就是我們透過無始無終的語言遊戲實現了詞與意義的創造，這種快樂也就是言語發出者使得他的聽眾接受了他的暗示或含義。而透過語言遊戲使得對方接受語言或暗示的結果就導致了社會契約的形成。

　　把語言遊戲作為方法來分析社會契約關係，是李歐塔的獨到見解。「語言遊戲」導致社會契約的形成，這只是一種現代的替代性結果。因為，在語言遊戲中，存在著祈使句的發出與完成其所要求的行為問題。在社會契約中，最初的契約關係也就是統治者代表一切力量發布自己的命令，以致使全體公

民承認。統治者把自己的意志強加於社會，
並透過某種系統分析、理想化分析來穩定社
會、促進社會向某一方向發展。

　　然而，在今天，在後現代主義出現的那
些地方，舊的由國家所代表的黨派、特殊的
制度、歷史傳統等明顯地開始喪失了它們的
吸引力，追隨馬克思主義的法蘭克福學派對
它們進行了強烈的討伐。同時，其他哲學流
派也從各個側面闡述了人的自由本質。

　　隨著後工業社會的到來，工藝與技術的
轉移、國家功能的轉變，社會的形象也在發
生轉變，行政的力量正在減弱甚至取消，日
益增長的是：誰將擁有貯存訊息的機器、通
往訊息之路，誰就是決策者階層。因為，這
些訊息處理機將保證人們作出正確的決策。
當今的決策者已顯然不是傳統的政治階層，
而是公司首腦、高層行政管理人員，主要職
業、勞動、區域組織、政治組織的領導人。

　　所有這一切中，新的狀況就是國家、黨
派、職業、制度、歷史傳統所代表的舊的極

權喪失了它們的吸引力。並且，這種喪失將
不會有新的替代者，即使出現新的替代者，
也不可能形成從前的規模。結果卻是，社會
成了一種彌散狀態的人群、一些個人的集合
體。

在社會中，個人指的是其本人，但誰都
明白本人並不等於多數。自我不等於多數，
但自我也不是一片孤島。每個自我都存在於
一個社會的關係網中，只不過這張網比從前
更為複雜、更有可變性了。老幼婦孺、窮人
富豪，每個人始終都離不開這張網，都是這
張網上的某個紐結，不管他的關係圈多麼地
小。之所以是社會關係網的一個紐結，是因
為當今的社會是訊息化的社會，每一個人在
訊息方面都不是無能為力的，他總是處在某
個「語言遊戲」中，總是處在一個訊息的發
出者、接收者或傳播者的地位。

從個人作為訊息社會的構成要素來說，
我們選擇語言遊戲作為總的分析方法便是十
分可取的。雖然我們可以把社會看作是契約

的產物，但是，我們並不能保證每個社會成員都參與了社會契約的制訂，也不能保證每個社會成員都履行社會契約，社會契約仍是一個開放的問題。儘管如此，我們卻不能懷疑語言遊戲這一根本的方法，社會契約本身是一個問題，就其是一個問題而言，它是人們談論的對象、語言的對象，因此，就成了一個語言遊戲的問題。

語言遊戲深深地植根於人類的起源和整個文明的進程中，上古時代的民族根據長老們的敘說而了解自己本族的歷史與傳統，又透過某幾個同時代的合法敘說傳統與歷史的人把自己的活動史代代傳下去。而對某個個人來說，只要他一出生，就面臨著語言問題，我們只要根據他的取名，就可以說明他不可避免地處在周圍人們談論之中。與此相關的是，他也必然地要用語言來描繪他周圍的一切與自己的生活歷程。

然而，重要的是人們並不限於交流訊息。在訊息的交流中，人們不是要給某人賦

予特權，也不是要給某種訊息賦予特權或合
法性。哪怕是控制論機器，是與訊息最不可
分的，但也並不是有了目標綱領就一定能使
行為達到最優化、最大化。李歐塔認為，訊
息論的控制論觀點難免也會遺漏某些根本性
的重要因素。在今天，這些遺漏的因素尤其
是包括社會的那些不可知的方面。

一旦我們承認這些不可知的方面，以及
承認控制過程中遺漏的方面，那麼，我們就
不僅是需要一種交往理論，而且還需要一種
承認不可知論是一條原則的遊戲理論。在這
樣的背景中，我們就很容易看到新生的根本
要素不是簡單地「革新」，不是一種替代。
因為在這裡，我們並不能找到一種權威性的
東西，也無法確立一個唯一的標準。譬如在
兩個朋友之間進行的對話或討論，從言語到
文本，進行不斷變化的遊戲，如：提問題、
要求、作出判斷、敘說等，這一切都好像相
互間在進行短兵相接的「搏鬥」。但是，這
種「搏鬥」卻不是沒有規則的，就如同拳擊

比賽一樣。只有確定了規則，才可能進行最
大限度的語言遊戲，相互間的爭辯才是可以
進行的。

　　不過，對於社會制度來說，畢竟是與談
話不同的，它要求有許多輔助性的限制。在
社會中，總是存在著某些不應當說的東西，
有的東西又具有特權的地位，還有的則是這
些東西的方法或許多種多樣。例如：軍隊中
的命令、教堂中的祈禱、學校裡的指示、家
庭中的敘事、哲學中的問題、商業中的合同
或協約的履行關係等等，都屬這種情形。

　　可是，這些限制並非是一成不變的，它
甚至有時根本就沒有確定過，或者根本就沒
有制度化，它只是處在變與不變的邊緣。這
種變與不變的邊緣化特徵（或邊際化特
徵），便是我們在後現代中所要研究的，這
也是社會契約的實質問題。

三、在遊戲中辨明後現代主義

　　「後現代主義是什麼？」這個問題是一個定義問題。隨著現代主義確定性、統一性的崩塌，要對後現代主義作一個限定也相對地困難了。正如作者在開頭的〈導論〉部分所說的，與其定義後現代主義是什麼，不如說明後現代主義不是什麼或做什麼顯得更容易些。

　　李歐塔在1979年提出該問題後，這個問題就一直是個令人十分感興趣的問題。但是，對於後現代主義的「後」字，究竟意味著什麼，李歐塔的回答未必盡如人意。所以如此，是因為李歐塔的說明或解釋的方式本身似乎是遊戲。並且，這個問題的回答也不能僅限於李氏一人的觀點。如果我們應用李氏的遊戲方法，那麼我們就可以說李氏是這

個遊戲的一個參加者，除他之外，我們還可
以發現有德希達、傅柯、海德格、羅逖等等
許多參加者。因此，說明後現代主義是什麼
或做什麼，或不是什麼，難免就要藉用這些
參加者的口實。

　　李歐塔認為，他所說的「後現代性」或
「後現代主義」的「後」(post)，不僅不是
一個社會歷史範疇，而且也不是什麼空想
的、虛構的東西，它並非是我們可以按照線
性時間來加以思考的。李氏在《後現代狀
況》一書的後記中說，後現代主義是什麼
呢？它是現代的一個組成部分，一切過去所
想像的東西，現在都必須加以懸疑。我們具
有一個世界的理念，但我們卻沒有能力舉出
一些例子來表明這個理念。我們設想著無窮
大、無限的力量，但每一關於物體的表象其
目的卻是想使這個無窮大、無限的力量變得
可見、具體，然而，這卻是不可能的，是極
為不適當的。實際上，人們的表象並沒有顯
現出理念，它並沒有給我們關於實在的知

識。然而，這些表象、知識並不需要加以重
建，因爲重建的表象和知識也同樣不能提供
給我們關於實在的眞實本質。後現代主義則
認爲，後現代處在懸疑之中，處在舊理論的
消解、新理論的建立的邊緣上。後現代主義
並沒有開拓藝術、哲學、文學等的新時代，
其眞正的意義是邊際化、散播、去中心。

　　後現代主義者試圖重新閱讀那些使現代
主義或前現代主義作品成爲可能的眞正文本
與傳統，思考與發現文本之間、習慣之間的
差異所在，揭示某些不可決定的關係。後現
代主義也不是全盤拒絕現代主義的某些原理
及各個方面，而是試圖擺脫現代主義世界觀
的基本教條與行爲。後現代主義象徵著現代
主義世界觀中那些庸俗的、普遍的東西的終
結。

　　後現代藝術處在事物將要發生而未發生
的邊緣，後現代藝術家是自我繪畫與自我編
冊的，他們的作品與實際操作總是在與其他
文本、操作的交叉關係中獲得意義與價值。

後現代的藝術家與作家處在一個哲學家的位置上，他們創作的文本及繪畫的作品，原則上都不受以前確立的規則所支配。我們作爲局外人，不能按照決定論式的判斷來評價這些文本與作品，不能把我們所熟悉的現代的那些範疇應用於分析、理解這些文本與作品。但是，後現代作品與文本同樣要尋找規則，那些無規則而進行創作的藝術家與作家總是爲了闡述那些將要成爲規則的東西。李歐塔繼續說，作品與文本具有事件的特徵，因此對於作者來說，這些事件始終來得太遲；同樣，當這些事件被製作成作品時，其在作品中的實現又來得太快。對於後現代主義，我們就必須按照這樣的悖論，即「將來的過去」（the future anterior）來理解。事件還沒有眞正存在，但對後現代作家與藝術家來說，都已成爲過去了。

　　後現代哲學同樣處於現代哲學沈淪、新哲學觀形成的邊緣。德希達主張，後現代哲學也就是一種文學。羅逖（R. Rorty）則主

張後現代哲學是一種「無鏡的哲學」。後現代哲學是相對於現代哲學以及整個西方哲學傳統而言的。現代哲學以及整個西方哲學的傳統，是一種模式化的相對遠離藝術與政治的傳統。這種傳統強調嚴格的決定性與秩序性，強調高度抽象的經院式即形而上學方法。後現代哲學與這種傳統幾乎完全相悖，它是一種反表象主義的哲學，這種哲學不是哲學的重建，而是一種毫無理論體系、沒有共同規範與概念框架的哲學，是一種創造多元性、多樣性、多極化的精神。德希達主張，任何一門學科都只是一個書寫的變體，一個符號系統，每一符號系統並不是從它所表示的超語言的實體那裡獲得意義的，而是在語言系統內從它與其他符號體系之間的交叉關係中獲得的。所有的話語都會因歷史而變化，我的概念、意義都受到語境的影響，意義由於時間關係產生的種種概念和差異而被區分、推延。

　　後現代哲學是西方形而上學哲學的終

結。把後現代哲學運用於人的思維，那麼，
這種思維的任務就不是提供關於實在的認
識，而是創造可以想像卻無法表達的暗示。
李歐塔認為，對於這樣一種哲學，我們不能
期望它能夠在語言遊戲中產生一致性的結
果，也不能對它抱有這樣的期望，即它的超
驗的幻想可望把語言遊戲整體化為真正的統
一體。相反地，這樣一種期望與後現代哲學
是十分相悖的，是一種錯誤。十九世紀與二
十世紀的前七十年已經給我們帶來了許多這
樣的錯誤了，我們已經為之付出了高昂的代
價，為統一概念與感性、直覺和交往而付出
了高昂的代價。

　　後現代主義或後現代哲學所要求的就是
統一性、一致性的衰落與消退，所要求的是
發動一場關於總體性方面的論戰，讓人們親
眼目睹那些不可表象的東西，推動差異的產
生，拯救名稱或命名的榮譽。

　　羅逖把後現代主義的文化時代稱為後哲
學文化的時代。他認為，在後哲學文化中，

將不存在任何稱作哲學家的人，原來的哲學
家總是認為自己能說明文化的某些方面為何
與實在具有特別的聯繫。在後哲學文化中，
也確有能夠理解事物如何關聯的專家，但這
些人沒有任何特別的「問題」需要解決，沒
有任何特別的「方法」可以運用，也沒有任
何特別的標準可以遵循，沒有任何集體的自
我形象可以作為「專業」。因此，後現代哲
學如同「文學批評」，文學批評家們可以自
由自在地評論任何東西。當尼采提出「上帝
死了」這一震撼歐洲的口號時，尼采是不徹
底的。我們雖然送走了上帝，但這只是走了
一半，在人們的心裡，上帝死了，卻引進了
科學，它取代了上帝的位置。可是，對後現
代主義者來說，他卻不想這樣做。它認為，
科學也是一種文學，或者反過來說，文學藝
術也同樣具有科學的地位。於是，在後現代
主義者的眼中，除了我們自己放在那裡的東
西之外，在我們中間沒有更深刻的東西；除
了我們在建立一個規矩過程確立的習慣之

外，沒有任何別的標準；除了祈求我們習慣
形成的規則之外，沒有任何別的準則；除了
服從我們自己約定的證明之外，沒有任何嚴
格的證明。

　　讓我們回到語言遊戲的原意，維根斯坦
提出這個概念時所強調的是：語言的意義在
使用，即它用來做什麼。然後，我們再重溫
一遍上述關於後現代主義的種種解釋，不難
發現，弄清楚後現代主義是什麼，也就是了
解後現代主義做什麼。

第三章

敍事的語用學

　　李歐塔在《後現代狀況》、《分歧》、
《公平的遊戲》等著作中對後現代主義的論
證，是圍繞著科學話語和知識的敍說功能進
行的。他的興趣並不在於科學知識和程序方
面。正如當代西方科學哲學界的怪傑保爾·
費耶阿本德(Paul Feyerabend)所認為的，
在當今世界上，科學並不是唯一正確的，科
學是人已經發展起來的眾多思想形式中的一
種，但並不一定是最好的，認為科學能夠並
且應當按照固定的普適的法則進行的思想，
旣不切合實際，也是有害的。李歐塔則認為，
現代科學是以放棄或制止合法性形式為特徵
的，它依賴於敍事的方式。他認為，知識與
科學並不相同，知識遠非成功地獲得合法性
問題，它無可避免地要提出它的含義問題，
它是社會政治的產物，就如同是認識論的產
物一樣。

一、敘事

　　要了解知識合法性問題的提出或消除，
我們必須了解知識的敘事性質。

　　一般而言，知識不能與科學等同看待，
也不能和知（learning）等同起來。知是所
有陳述的集合，科學則是知的子集，它雖然
是由那些指謂的陳述所構成，但它卻把兩個
輔助條件施加於它的可接受性：一是科學的
指稱必須在重複的過程中有效，即它必須在
清晰的觀察條件中是可以評價的；二是它必
須由專家作出的一些相關判斷所構成，必須
能夠決定一個特定的陳述是否是出自專家的
判斷的語言。

　　但是，知識這一術語不僅是指謂的陳述
的集合，而且也包括「如何知」，例如「知
道怎樣生活」、「如何聽」等等；它不僅僅

是那些眞的標準的確定與運用、有效性標準
的確定與運用，而且也是公正、美、幸福、
善等等標準的確定與運用的問題。如果是這
樣的話，那麼知識就是使人們能形成「好」
的指謂的言語、指令性言語、評價性言語了。
除此之外，知識還能形成相對於各類話語對
象的「好」的行爲。從這點來說，知識的一
個主要特徵就是：它與確定相互比較的手段
是相一致的，是唯一包含在主體中的形式。

　　另一個值得注意的問題是：知識與習慣
的關係。我們爲什麼可以把語言、行爲分成
好的與壞的，這是因爲它們與某個標準相一
致，這裡的標準是大家所承認的，是一個特
定的群體所承認的。這樣一種相一致的關
係，被早期的哲學家們叫做合法性。由於這
一合法性，就確定了知識的定義，區分出了
知與無知。

　　但是，不可否認，這個標準是依賴於傳
統的知識敍事流傳下來的，是我們每個人在
面臨社會時所碰到的既成事實。例如，經驗

論的傳統把歸納法作為是科學知識的可靠性
方法，經驗的觀察是衡量知識正確與錯誤的
標準，這個標準透過世代經驗論科學家的敘
事而流傳下來，我們一般是不會去懷疑它的
可靠性的，並總是認為這是不證自明的。知
識帶有累積性的特徵，每個人所得到的知
識，不是都要自己親身經歷一遍，更多是藉
由學習、依賴於自己對知識的信任而得到，
在這些學習來的知識中，我們自然把它看作
是合法的。所以，知識的合法性便貫穿在知
識的敘事中，一代代知識分子總是把知識傳
給下一代，下一代自然而然地相信前一代科
學家所講述的關於事物的故事。

　　李歐塔引用了原始社會的人類學解釋來
說明這種知識的敘事性質。在原始社會，敘
事擔負著很重要的作用，一個部落沒有敘
事，就不知道本部落的歷史，不知道本部落
的生活習慣、風俗、禮儀、生產的方式等。
在原始社會中的敘事，是十分有規則的，這
些規則就是誰有權、有責任在這個特定的群

體中講述祖先的故事，以及誰有權、有責任
聽這個故事。這種規則還包括原始敘事的固
定格式，即這個故事如何開始敘述，如何結
束等等。李歐塔舉了一個土著的敘事方式的
例子。他說，例如南美洲的土著卡辛納窪印
第安人，有一種普遍的敘事語用學，講述祖
先故事的人總是把卡辛納窪印第安人集合起
來，從而開始講述祖先的來龍去脈、祖先的
實踐史。透過這種儀式，敘事獲得了它的權
威性與可信性，只有他才有權敘述祖先的故
事，他的同族人只是有義務聽這個故事。這
樣的方式不僅對他來說是這樣，他的下一代
人也必須遵循、沿襲。在講述祖先的故事時，
敘事者一開始就說：「有一個關於……的故
事，這個故事是……講給我聽的，我將以同
樣的方式以我的責任與義務講給你們聽」，
而在結尾，他總是說：「這就是這個故事的
結果，把這個故事說給你們聽的人是
……」。這樣一種固定的格式在卡辛納窪的
土著中普遍存在。透過這個例子，我們可以

發現，卡辛納窪土著人的敘事中貫穿著神聖
的權威性、不可侵犯性，它是一個合法性的
例子，是一個合法性的自然形成與貫徹的例
子，是一個透過口述確立合法性的例子。

　　李歐塔把非常重要的意義賦予了這個表
面上無足輕重的自我合法性例子。因爲他相
信，透過敘事所傳遞下去的東西，構成了社
會契約的語用規則。另一方面，李歐塔從這
種敘事方式中注意到，敘事確定並包含了自
然時間的無規律性，即在這種敘事的不斷展
開過程中，人們並不注意時間的消逝。這種
敘事式完全是依賴習慣而維持的。透過人們
的習慣，時間的意義似乎被分解了，在哲學
上說，就是人們已經把時間的意義懸置起來
了。

　　對李歐塔而言，敘事方式是一種文化或
一個集體在同義反覆中使自己合法化的方
法。敘事似乎指的是過去，但實際上所指的
卻是連續在場的敘事行爲，這種敘事行爲本
身確定了在這種文化中我們有權說什麼或做

什麼。而他們自己本是這個文化的組成部分，所以，他們透過自己所做的事這一事實得以合法化。

李歐塔認為，這種合法性是十八世紀以來科學所反對與擺脫的東西，因為經典的科學知識語用學要求自己具有十分強的權威性與自主性。科學知識和語言依賴於約定和普遍同意的真值，卻排斥形成社會契約的語言用法，李歐塔從維根斯坦那裡借用了重要的「語言遊戲」概念，這個概念是約定的、不是敘事的。科學語言是與敘事(narratives)相對立的語言體系，因為敘事把無知、野蠻、偏見、迷信和意識形態聯繫在一起。除此以外，科學與敘事之間還有一個更重要的區別，在那些原始的敘事方式不要求任何外在於它所履行的合法性的地方，在不求助於論證和證據的代代相傳的語用學的自明性的地方，科學知識絕不會簡單地以自己的程序本身產生效果。因為，科學與敘事不同的是，它的合法性不僅是從自己內部，而且是從外

部獲得的，當科學展示自身力量的時候，它
就成了一種社會的需要，社會從此支持科學
活動，相信科學知識體系，並遵循科學認識
的規律。爲什麼呢？科學的合法性是內與外
相結合的因素促成的，尤其是由外在因素賦
予的。

　　儘管如此，科學也仍然在某種意義上是
敍事的知識，它是透過敍事來貫徹其文化權
威性和自主性地位的。不過，科學的敍事方
式與原始人講故事不同，它是透過一種「後
設敍事」方式來取得合法性的崇高地位（編
按：「後設敍事」一詞，大陸學界慣稱爲
「元敍事」，即「meta」的前綴詞，大陸慣
以「元」稱之，與台灣用詞有別）。

二、合法性

　　科學知識的權威性、自主性和目標的實

現，必須求助於兩種敘事方式，即政治的和
哲學的。在歷史上，這兩種敘事對科學合法
性的論證與支持則表現在十七世紀以後的啓
蒙運動。這種政治的和哲學的敘事是一種最
高的或最大的（grand）敘事，因而也就是
一種後設敘事方式。

　　眾所周知的是，科學是隨著人性從奴役
和壓迫中得到解放並得以發展的。之所以得
到迅速的發展，是由於政治的和哲學的敘事
之幫助，政治與哲學是推進科學發展的外部
動力。人性從奴役和壓迫中得到解放的思
想，是與啓蒙運動中法國革命的敘事方式相
聯繫的，在這個解放運動的過程中，它們是
作為知識而起作用的。由於科學對思想、對
社會生活、政治起著推進作用，所以這種關
於人性解放的敘事就反過來對科學起援助作
用。由於政治的和哲學的敘事是一種後設敘
事，所以其他的敘事都只能是從屬的，任何
局部的、具體的、乃至科學的敘事都只構成
這種後設敘事或最高敘事方式的一個方面，

而被後設敘事方式賦予意義。

　　這樣，就形成了一個悖論：科學一方面
是想制止與消除原始敘事的合法性乃至其他
敘事的合法性，另一方面，它又必須依賴更
高層次的敘事的評價從而獲得其合法性。李
歐塔說，科學知識如果不求助於其他知識類
型，如敘事知識，那麼它就無從知道或使人
們知道它是眞的。從這點來說，它根本就不
是知識，沒有這種對政治與哲學的求助，那
麼科學就只能自己預設自己處於有效性地
位，就會屈從於它本來就反對或批判的知
識，即未經證實地論證問題，或根據偏見來
論證問題。

　　對於這個悖論，李歐塔作了十分深刻的
分析。他論證道，自從第二次世界大戰以來，
所產生的是那些最高的敘事力量的浪費，儘
管這些敘事提供了科學知識的合法性框架。
爲什麼這些最高的敘事方式出現了衰落的傾
向呢？基本的原因就是：二次世界大戰之後
資本主義社會內部的不斷完善和調整顯示了

新的生機，而共產主義則出現了艱難經營的
局面，資本主義並沒有被替代，共產主義也
沒有得到充分的論證。政治與哲學本身出現
的論證不力與非確定性質使其失去了作為後
設敘事的作用。另一方面，工藝和技術的增
長正在重心上實現從目的向手段的轉移，原
先把發展科學技術作為啟蒙或解放的目的，
而今則把它僅僅視為手段。正如丹尼・貝爾
所概括的，這是一種後工業社會的趨勢。李
歐塔由此得出結論，在後現代時期，後設敘
事方式已經喪失了它應有的作用，它失去了
它的合法性，導致了人們「對後設敘事的不
信任」。

當代科學突破了經典力學甚至相對論的
範疇，在許多方面與常識完全相悖。尤為突
出的是在量子力學中出現了非連續性現象、
非決定論現象、非局部性聯繫的現象，所有
這些現象都是經典力學和愛因斯坦的相對論
所無法解釋的。在這兩者之間不可能達成統
一的認識，不可能出現統一的規律。因此，

對這樣的科學的理解只能把我們的感受性僅
限於差異，並增強我們容忍不可通約的標準
的能力，其原則是創造者不合邏輯的推斷，
而不是專家們的統一聯繫。

　　在這樣的情況下，科學自身的組織力量
開始減弱，科學出現了大量專門的特殊的研
究，每一種專門研究都具有它自己的無法比
較的模式。要對這些專門的研究加以理解，
除了使用語言遊戲的方法之外，別無其他方
法。這些語言遊戲不會求助於公正的或權威
性的後設敘事方式，求助於外部的原則與標
準。在這樣的情形中，目標不再是真理，而
是實行的行為；不再是「怎樣的研究才會導
致可證實的事實的發現」，而是「哪類研究
會實行得最好」。這種「最好」，是沒有標
準來衡量的；所謂最好，就是指在語言遊戲
中參加者充分地發表見解，越自由就越充分
也就越好。

　　從這裡我們卻可以發現，李歐塔關於科
學結果的合法性與卡辛納窪敘事方式的內在

合法性之間的一致性。科學與卡辛納窪的敍事都說：「做自己應當要做的事」、「這就是自己應當做的方式」。兩者的差別是，卡辛納窪的交往模式形成了一個統一的整體模式，敍事的方式占居支配地位，集體生活受一個語言遊戲支配。而在後現代社會的圖式中，卻有著眾多有差異的、互不相容的語言遊戲，其中每一個語言遊戲都具有它自己不可改變的自我合法性原則。因此，我們可以從最高的敍事研究的抑制看到向微觀敍事轉變的傾向。

這樣，科學知識的敍事就變成了眾多的**語言遊戲**。在這些語言遊戲中，我們分不清哪個是真、哪個是假，只能根據語境確定它們「有什麼用法」、「它們有多大價值」。後現代科學克服了原先後設敍事所產生的惰性，並使其基礎發生了動搖，就如同電視機與電視台的關係一樣，一只電視機由於缺乏電視台的節目預告，看電視就只能自由選擇頻道。而後設敍事就如電視台因缺乏按照節

目預告播放的習慣性或規律，即使是有節目
預告的，但實際上播出的節目卻與之不相一
致。因此，它就無法支配收視者的行為，無
法控制收視者的意志，更談不上收視者自覺
以其為指南了。

三、敘事的後現代狀況

　　李歐塔不僅從理論上分析了科學知識的
後現代性，而且也從實際狀況的描繪來證實
這一點。

　　李氏認為，科學知識的合法性是透過內
在與外在的雙重因素實現的。這個實現的過
程開始於理性時代的笛卡兒。從科學的內部
來說，科學研究的語用學其本質的機制經歷
了兩種變化：一種是論證方法的多樣化，一
種是確立證據的過程不斷增加複雜化的標
準。科學內部所確立的合法性是由其理論的

某些性質確定的，例如，邏輯學家依賴什麼標準來確定公理？存在不存在科學語言的模式？如果存在，是否就只有一個？它是可證實的嗎？這些性質需要形式系統的句法學的連貫性來說明，句法的完善性、可決定性以及公理的獨立性是互相關聯著的。在科學中，科學理論的論證必須求助於公理，而公理又必須求助於後設語言，最初的後設語言是自然語言、日常語言而非人工語言，所有其他的語言都可譯成日常語言。這就有必要對科學知識的合法性問題作重新闡述。當一個意謂的陳述被宣稱為真時，存在著一個預設的前提，即決定真假的公理系統已經得到明確的闡述，這個公理系統之所以被作為標準，是因為它在形式上是令人滿意的，公理本身不可證明，只能在專家之間來約定。

服從於已確定的規則的語言遊戲，是科學中的一種情形。另一種情形是創造新的規則，把語言遊戲改變成新的遊戲。後者的形成，是因為一種後設語言原則被論證命題眞

理性的多元形式化公理體系的原則所替代，
這些體系是由普遍但不一致的後設語言來描
述的，這種後設語言是非邏輯的，它依賴於
信念，依賴於專家共同體的認可，而語言遊
戲則提供了這種思想最實際的場所。

　　然而，要得到專家的認可、獲得人們的
信任，就必須有證據。形成證據是科學必不
可少的部分，這在原則上是論證過程之一。
但是，獲取證據卻是件非常艱難的科學活
動，因為證據必須能為人們所證實，一些人
發表了如何獲取證據的意見，另一些科學家
則會以重複同樣的過程來核對結果，為了經
受證實，人們仍然必須觀察事實。那麼是什
麼構成科學觀察呢？這不但要靠眼睛、耳朵
等感覺器官，而且還要依賴技術、儀器設備。

　　技術不屬於真、善、美，而是表明了一
種效率，技術之所以有價值，是因為它以最
小的輸入獲得最大的產出。但是，在人類文
明的早期，人們並沒有發現技術和知識的密
切關係，甚至在十六、十七世紀人們還十分

模糊，一直到十八世紀末，這個問題才得到
了重視。隨著人們對技術的日益增長的需
要，科學獲取證據的問題就成了替代傳統知
識的科學知識語用學。李歐塔以笛卡兒的
《方法談》中對實驗基金的請求爲例，說明
了技術設備在提供證據過程中的作用。整個
現代科學的發展都是與此相關的，沒有錢就
無法產生證據，沒有證據就無法證明命題，
就沒有眞理。這樣，科學的語言遊戲就變成
了與財富相關的遊戲，財富與眞理、與效率
開始劃上等號了，眞理成了財富與效率的函
數。

　　第一次工業革命的到來，充分地證明了
這種關係。沒有財富就沒有技術，沒有技術
要增加財富就困難。技術設備需要投入，技
術性投入爲投入者創造更多的剩餘價值。科
學在這裡轉變成了生產力，而當它轉變成生
產力的時候，也正是資本發生循環的時候，
技術與財富的關係使得資本必然與科學結合
在一起。資本主義解決了科學研究的基金問

題，它的私人公司直接對於技術及技術的應
用作出研究和投資，從而創造了私人、國家
相結合的研究科學的新局面。在凱因斯
（Keynes）時期，應用研究與基礎研究都透
過大量的代理人與公司合作，公司對技術的
改造直接進入大學的實驗室、研究室和一些
獨立的科研機構。如果研究機構進行的是
「純粹」的理論研究，那麼，他們就很難得
到研究基金並保住飯碗。

　　所謂證據的產生，其實是一個從科學訊
息接收者那裡獲得一致意見的問題，即科學
研究能否得到公司的承認，是否能提高勞動
效率、產品質量，爭取更大的市場。由此看
來，科學研究的目的不再是真理，而是具體
實行的狀況，是一個投入與產出的方程式。
國家或公司都必然地要放棄理想主義的人文
主義的合法性敘事，去證明新的目標：即在
研究的金融後盾的話語中，唯有可信賴的目
標才是有力的，科學家、技術人員、儀器不
是因為能發現真理才成為商品的。

　　由於科學的實際利用增加了產生證據的
能力，也增強了它成為正確的能力。證據與
正確性的標準，顯然是技術標準，這就不能
不影響真理的標準問題，凡是有實際效用
的、滿足實際利益的獲得之要求的，就成了
正當的、正確的，否則就不是正確的。後工
業社會的來臨，明顯地呈現出了一個實用主
義的時代，科學的運用與實行的結果替代了
理論定律的規範性、邏輯與標準。現實提供
了科學論證的證據，從而也提供了倫理、政
治的約定性與前提。

　　由此我們可以發現，經濟實力強的公司
總裁可以駕馭科學，從而使科學獲得合法
性，同時他也可以駕馭政治、道德等等。

　　然而，知識的經濟化、利潤化會不會導
致教育的瓦解呢？誰來傳播基礎知識？傳播
給誰呢？透過什麼中介傳播呢？這就涉及教
育。高等教育是社會大系統中的一個小系
統，因此，在這個子系統中，實際上貫串著
同樣的原則，即商品化、利潤化。教育所要

提供的是完成社會需要的那些技能的教學，
而不是提供關於人的解放的任務。大學所履
行的是改造社會體系的事業，擔負著勞動者
的訓練與培養的職責。年輕人在開始參加工
作之前，必須從大學獲得專業知識。透過高
等教育，他們不但擁有技能，而且也獲得了
訊息、語言和從事語言遊戲的能力，從而不
僅擴大了職業的視界，也把他們的技術經驗
和道德體驗結合了起來。在教育中，由於計
算機時代的到來，電腦、計算機成了傳播知
識的有效媒體。在某種程度上，知識被轉譯
成計算機語言，傳統意義上的教師卻用金錢
購買計算機、電腦來替代，這些被購置的機
器成了智慧終端機，學生所學的不是傳統的
知識，而是首先要掌握計算機的操作，學會
如何使用終端機。這就意味著教師要教給學
生一種新的語言，學生則是要掌握這一新的
語言遊戲。這種語言遊戲、計算機操作技能
是與以上的經濟化標準具有同樣的聯繫的。

　　透過以上分析，李歐塔認為，後現代知

識的世界是由完善的訊息遊戲所控制的。在
這個時代，沒有任何科學的保密性，任何資
料與數據都可以到達專家的手裡，任何超出
現狀的分析或超常的行為，都必須依賴於
「想像」，依賴於形成新的遊戲規則或改變
原來的遊戲規則。這種想像不是邏輯的，而
是一種非邏輯的推理。

　　由於這樣一些狀況的存在，在後現代的
知識界，一個教授、專家並不比銀行網絡更
具有競爭性，也不比在想像新的遊戲活動的
互相懲戒的參加者們更具有競爭力。

　　李歐塔對知識與科學實行的這種分析，
其態度是較明朗的。他的分析顯然暗含著一
種前衛的、自由派的觀點，他也常常被人指
責為僭主政治的衛道士。

四、後設敍事的黃昏

　　二十世紀六十年代以降，科學似乎正朝
著尋求不確定性的方向發展。現今的物理學
與量子力學等都突破了經典力學與相對論的
嚴格決定論傳統。科學研究的新局面不僅使
原來科學的合法性發生了動搖，而且也使整
個科學認識的基礎發生了崩塌。這就意味著
科學危機的產生，這種危機是一場決定論的
危機，一場傳統科學觀、哲學觀、認識論的
危機。

　　李歐塔所提出的創造性的語言遊戲，正
是試圖解決這場危機的。最初，人們依賴實
證主義的有效性哲學來解決這樣的問題，但
卻一愁莫展，尋找反例作爲證據顯然是不明
智之舉。之後，科學哲學落入了實用主義的
幔緯，但實用主義僅僅是後現代科學話語合

法性問題的一個序曲，實用主義對科學理論的實行極為重視，這種特點使得李歐塔有可能著重討論行為（performance）問題。

然而，實行的觀念意味著必須存在一個高度穩定的系統。因為，這種觀念是基於關係的原則上的，在理論上我們作出計算，系統運行情況的變化是可以根據已知參變量來預見的。

可是，量子力學和微觀物理學則表現出了與此不同的原理，它要求從根本上改進連續性的和預見性的思路，在它們的研究過程中，不可能出現不確定性的減少而確定性增加的情形。

在這樣的領域裡，科學家的陳述和自然界本身究竟是什麼之間的關係可以看作一個遊戲，這個遊戲並不存在完善的確切的訊息，科學家對這些訊息的認識是模糊的，自然界本身的許多東西是不可預先知覺或認識的。人的認識都只是一個概率的認識，是一種可能性而已。在這種研究領域裡，我們只

能透過語言遊戲才能確定科學家言說的語
境，才能確定科學家究竟說什麼，才能知道
關於自然的陳述是什麼意義。

　　我們是在大量的不同觀點、不同陳述中
作出選擇，這些不同觀點、不同陳述之間是
不可通約的。後現代科學正在使自己的研
究、自己的進化變得不連續、不可證、災難
性和悖論；它正在改變「知識」一詞的定
義，它正在推動形成的東西不是可知的，而
是不可知的；它提出了一種與原來科學的最
大化利用毫無關係的合法化模式。在後現代
科學中，我們不可能要求一個科學家具有真
理，科學家的地位和榮譽完全依賴於這位科
學家是否具有某種語言遊戲的觀念，提出某
種觀念。

五、瘋人邏輯

今天，科學知識的合法性不再求助於最
高的敍事方式，既不恢復到精神辯證法，也
不會回到人類解放上去。分化了的每個具體
的敍事卻仍是一種想像的、創新的實質形
式。此外，把約定或普遍同意作爲有效性標
準似乎也是不適當的。李歐塔反對這種哈伯
瑪斯（J. Habermas）的見解，他認爲，普遍
同意論是以人類解放的敍事方式的有效性爲
基礎的，是種過時了的觀點。同時，普遍同
意論是行政程序的對象，它僅是獲得眞正目
標的一種工具。透過普遍同意論使科學合法
化，也就是訴諸權力或強權。

李歐塔認爲，從語言遊戲這一方法入
手，決定是否可能具有合法性形式，必須基
於非邏輯之上。合法性問題與邏輯、後設語

言等等毫無聯繫。而對於非邏輯，我們必須把它與革新區別開來，革新是為了改變效率，非邏輯則是在知識的語用學中起作用的一種「調節」（moves）。

人們熟悉的是，科學研究如果在一定的典範（paradigm）的指導下，它必然是趨於穩定化的，在典範指導下的研究是一種合邏輯的研究。但是，我們又常常可以看到，某些人卻經常攪擾理性，例如，某種權力的存在會使科學的說明力不穩定化。不過，在一定典範指導下的合邏輯的研究，也會出現一些科學中的盲點，對這些盲點的發現是無法預見的。正如費耶阿本德所強調的那樣，巫術、神話等非理性的東西在科學史上與科學具有同等地位。這些非邏輯因素說明，科學的合法性並沒有科學的基礎，科學本身並沒有按照它的理論典範而起作用，當代科學排除了使用典範去描述今天的社會之可能性。

既然，現今科學的語言遊戲的合法性既不求助於後設敘事，也不求助於普遍同意的

觀點，不求助於經濟力量與政治，那麼科學
的合法性究竟存不存在呢？科學的語言遊戲
有沒有公平可言呢？李歐塔認為，公平是存
在的，但與普遍同意無關緊要，這種公平就
是科學家們面對任何事物時，都具有「講故
事」的權力。在李氏看來，科學並不存在任
何方法，唯一的方法就是講述關於事物的
「故事」。科學家與常人的差別、科學話語
和卡辛納窪人的敘事之間的差別，就是科學
家有責任去證明這些故事，有責任在語言遊
戲中積極參與。而就其在語言遊戲中暢所欲
言、無拘無束來說，是公平的、合法的。

　　這種暢所欲言代表著一種創新精神，
「發明創造始終誕生於分歧」。後現代知識
並不簡單地是一種權力工具，它把我們的感
性提煉成差異，並且增強了我們容忍不可通
約的東西的能力。李歐塔所崇尚的，就是從
欺騙性的形而上學思維時代到浪漫的不正常
的純粹差異的自由思考之美學時代的過渡，
並且他建議，透過文學批評家和文化分析家

來理解這種關於非邏輯的自由思考。

六、評論

　　無可否認，李歐塔對後現代知識狀況的
分析是非常令人感興趣的、有力的。數學、
理論物理學及其他基礎科學、純科學都在不
同程度上受到了科學的經濟主義、工具主義
的損害，傳統的科學範式與傳統的科學研究
方式都在不同程度上受到了挑戰。李歐塔所
描繪的科學圖景，把以往的科學研究程序放
置度外，他提倡的非邏輯的異樣方法顯然是
對以往科學研究程序的踐踏。在李氏的頭腦
中，相對主義占居了上風，簡直可以說，他
是一個十分狂熱的相對主義者、不可知論
者。

　　科學在本質上是理性的、實在論的，任
何科學理論、假說、問題都無不關心實在，

科學的理解也不能離開實在。固然，應用科
學與社會的經濟發展緊密結合在一起，從而
從強有力的經濟力量和政治權力那裡獲得自
己的合法性，但應用科學仍必須基於對實在
世界的真實認識之上。另一方面，一些純科
學的研究也未停止。自從本世紀六、七十年
代以來，科學在那些與經濟發展看似毫無聯
繫的領域裡作了大量的研究，例如，對基本
粒子的研究，人們曾花費了許多人力，耗費
了許多資財來建造回旋加速器，研究粒子的
存在和性質；人們還在南極的冰山下建立起
實驗室。如此等等，不都是為了證明自然現
象的存在嗎？不都是在進行純科學的研究、
基礎科學的研究嗎？

　　當然，科學並不一定都要求助經驗的模
式，今天的科學甚至透過選擇思維的不同典
範與方法的不同維度來預言可能世界，並且
聲稱自己沒有普遍有效性。但是，同樣，我
們反過來說，這種不具有普遍有效性的特徵
也是沒有普遍性的。庫恩（T. Kuhn）與費

耶阿本德在這個問題上走向了相對主義，卻遭到了許多科學家、科學哲學家的反對，庫恩和費耶阿本德把這類特殊現象當成是我們這個時代的一般條件，這種作法本身是不寬容的。科學所尋求的是共同的、統一的東西，如果沒有統一性和規律性，那就根本不能稱之爲科學知識。量子力學、微觀物理學的發展固然穿插著浪漫的自由想像的情調，但是，最終這些浪漫的假設是可以比較的。差異固然存在，統一性也不是沒有。李歐塔以個別否認一般的做法，是令人難以接受的。

此外，李歐塔對後現代知識狀況的分析，在某種意義上體現了對知識無用論的分析。在他看來，在後現代，現代的某些知識隨著合法性基礎的轉移，其形象已日益遭到破壞，它們的作用也將喪失殆盡。一方面，這表現爲六十年代以來知識界對學術界的批評；另一方面，表現在現代各國教育體制的衰落。李氏認爲，這種狀況已足以表明知識已經喪失了要求人服從它的權威性。他說，

在一個成功等於拯救時間的世界上，思維犯
了一個無法挽救的錯誤，即它浪費了時間！
李氏的觀點使後現代科學家成了否定科學理
論的英雄，而他則儼然成為一個前鋒。按照
他的推論，科學將被當作一門藝術，是一門
藝術哲學，這種藝術哲學的合法性在於：它
依賴於敘事、語用和欲望，是非邏輯的，而
非依賴於邏輯的因素。後現代知識在這裡就
被改造成一種美學的領域了。在這個領域
裡，敘事、隱喻、文本、話語等優於陳腐不
堪的功能、結構、決定論、機械論等等術語。
一種介於自然科學和社會科學之間的邊際性
觀念體系構成了後現代的知識與意識形成，
這種形式是非學術的，是學術所不具有的。
因為，其體制是差異、多元性和不確定性。
李氏對後現代主義的多元論的釀育，無非是
相對主義與懷疑論、不可知論的一種最新表
現，是一種非理性主義的表現。他的最終目
的就是把科學的地位降低為一種非理性的文
化表現形式，使科學與卡辛納窪的長老講故

事等同起來。

　　對後現代知識狀況的分析所得出的結
論，是李歐塔嗣後分析文化、美學、政治領
域的前提與基礎。

第四章

審美判斷

　　李歐塔把後現代性看作後哲學的、後工
業的、多元論的、實用的、有分歧的社會秩
序之集合，把後現代主義看作一場消解合法
性（delegitimation）的運動，他反對科學的
統一性，反對以往的哲學與認識論，反對現
代政治的統治，也反對哈伯瑪斯以社會交往
理論理解語言遊戲的觀點，以及強調先驗的
主體間性和規範的民意約定論，主張以履行
性(performativity)結果來確定語言的意
義。李歐塔的這一觀點導致他從非邏輯性來
思考合理性的問題，從而使所有的理論歸結
為藝術的想像。

一、差異或分歧

　　李歐塔認為，創造始於分歧，人們的非
邏輯的異想使後現代話語成了美學的領域。
　　分歧或差異指的是一種相互間意見衝突

的情形，例如，兩個團體之間的觀點衝突，
由於缺乏評判兩者的共同標準，所以就不可
能公平地得到協調，一方的合法性並不意味
著另一方缺乏合法性。但是，如果把單一的
規則應用於兩者，並試圖去解決它們之間的
分歧，如同這一規則是使得理論成為唯一的
合法性規則那樣，那麼，只要雙方中有一方
不承認這個規則，這個評判過程就成為問題
了。實際上，一個能評判兩者的共同準則是
根本不存在的。李歐塔在《分歧》一書中強
調了不同話語之間的異質性，並指出，要確
立異質形式之間的普遍判斷規則是不可能
的，我們唯一不能懷疑的是「用語」
（phrase），因為用語是直接為我們所預設
的，懷疑一個用語也仍然等於一個用語，就
連一個人的沈默也還是一個用語。

　　用語是李歐塔最需要研究的，也是他唯
一要研究的對象。用語服從於語用學規則，
而語用學規則則是人們長期的習慣產物，它
是按照一定的習慣性規則構成的。在語用學

規則中，存在著大量自然形成的特徵：推理、理解、描述、命令、提問等等。由於各種用語屬於文化習慣現象，因此，用語之間的差異使得一種自然的用語不可能譯成另一種。奎因（W. V. O. Quine）也早就指出，不同語種之間的翻譯是不準確的，他這一「譯不準原則」說法曾震動了當時歐美分析哲學界。從這一原則的提出到李氏「分歧」原則的出籠，時間只不過二十多年，人們對奎因的那種分析精神至今仍記憶猶新，以致對李氏的用語之間的差異也不難理解。

用語以習慣為規則連接起來，這樣說來，在同種習慣中的不同用語是否可以比較呢？李氏認為，這同樣存在著差異。他認為，透過規則，一種形式的用語提供了另一組可能的用語，這些用語的每一種都源自自然的文化習慣。然而，正是由於其中的一組用語可以提供另一組可能的用語，所以這兩者也就有差異，它們是異質的。可見，要避免分歧與衝突，要找到普遍的評判規則是不可能

的。

　　理論家們總想設定一個普遍統一的規則
來評判事物，當沒有規則的時候也要千方百
計地從外部論證並形成一個約定的規則。而
李歐塔則主張，各種話語間是不可通約的，
我們沒有辦法溝通它們，唯一的方法是哲學
的，卻非理論的，即我們可以透過審視話語，
發現其中的規則，但卻不能在話語之外找到
一個先前已經確定的規則，或假定一個規則
存在。透過這種方法，我們首先就假定了我
們並不具備解決差異的可能性。這種方法把
用語當成對象，因而是語言學家意義上的後
設語言學方法，不是邏輯學家說的後設語言
方法。

　　這樣，溝通用語的是用語本身的習慣，
這種習慣是一個複合體，是社會文化的表
現，它集中了思想、認識、倫理、政治、歷
史等等因素。當一組用語與另一組用語連接
起來時，認識、倫理、社會政治、歷史等也
就聯繫在一起了。李氏指出，如果人們問

我：如何回答一個「爲什麼」的問題，那麼
我會說，我不能得出「爲什麼」問題的答
案，而是認爲存在一個公平的慣例，這個慣
例是使我們操作一個公平的遊戲的規則。他
考慮的是：什麼將成爲他反對交往理論的固
定的方法論武器。他反對哈伯瑪斯關於哲學
自己知道它的程序的規則是什麼的看法，認
爲哲學是人們遊戲活動的一個特殊領域，它
也沒有既定的規則，但它卻尋找規則。他自
稱：《分歧》一書的方法是哲學的方法。

　　既然這個世界上的一切都是符號體系、
都是語言，那麼我們必然也要涉及判斷。

二、判斷即感受

　　在遊戲中，我們要作出判斷是必然的，
也是絕對的。但是，絕對的判斷卻不存在。
在迄今爲止的一切知識中，沒有哪一種知識

能成爲絕對的知識。哲學也不能提供絕對的
判斷，不能爲我們這個世界提供一門倫理
學、政治學、美學、歷史、哲學等，並把它
們統一起來，或提供連接它們的通道。一言
以蔽之，哲學也不能成爲其他學科的基礎，
基礎是不存在的。

　　哲學判斷旣非約定的也非理論的，因爲
它並不知道有規則，哲學的句子並不以某一
方法來連接。李歐塔在《後現代狀況》一書
的〈後記〉中詳細地解釋道，現代作品特別
是二十世紀的藝術與作品都處於一種賭博的
狀態，這種賭博就是：藝術作品表現了它不
可表現的秩序。這是與他本人的哲學主張相
悖的，在自然界無所謂秩序，即使有也是不
可表達的。李氏的這一後現代觀點來源於康
德的《判斷力批判》中對「崇高美」的分
析。康德在該書中，對審美判斷與審美限度
作了區分。在審美判斷中，使主體偶爾產生
快感的客體被判斷爲美的，而判斷本身則是
遵循被遷移的普遍性的，如果我聲稱：X是

美的，那麼我就把同一判斷遷移到其他對象
上了。康德說，美感是一種判斷，這種判斷
處在與「崇高」的判斷相類似的先驗地位。
這兩種判斷對每個主體都具有普遍有效性，
儘管它們只能對快感提出要求，而不能對對
象的知識提出要求。

　　但是，這兩種判斷之間的差異是顯然存
在的，美是一個悟性的概念，崇高則是一個
理性的概念。美直接在自身攜帶著一種促進
生命的感覺，並因此能結合一種活動的遊戲
的想像力的魅力刺激；而崇高是一種僅能間
接產生的快樂，它經歷著一個瞬間的生命力
阻滯，然後又立即繼之以生命的嚴肅性，它
不能被和合，而是被隔離，不只是積極的快
樂，更多的是驚嘆或崇敬的消極快樂。

　　這兩種能力之間的一致性要求考慮乏味
的判斷之普遍性，但卻不允許人們說明美是
什麼。這對矛盾的解決恰當地說明了在古典
美學中要求說明美是什麼或不是什麼的那種
一致性情形。康德認為，審美判斷的決定性

的一面是客體具有形式，而崇高的情調則標
誌著這種形式的喪失，使適合於審美判斷的
愉悅成爲快樂與痛苦之間的一種緊張情緒。
（見康德《判斷力批判》中的〈論崇高〉）

　　對於康德的觀點，李歐塔的解釋是：我
們具有世界的理念，但我們卻沒有能力舉出
例子來說明它；……我們具有產生美感的能
力，但我們卻無法表達它。可是，現代的藝
術與文學作品等卻使得那些崇高性中暗含著
的不可表明、不可接受、不統一的東西成爲
可見的東西了，這實際上造成了理性、理解、
想像力等等之間的分裂。

　　對於那些暗含著的東西，李歐塔主張用
兩種方法加以探討。這兩種方法總的目的就
是指出：存在著不可表達其秩序的事物。他
在《後現代狀況》的末尾進一步指出，現代
美學是一種崇高美，儘管它是懷舊的，它允
許不可表達的東西僅僅作爲迷失的內容而加
以援引。但是，這種形式是不可認知的，因
而也是無矛盾的，這種無矛盾性給讀者繼續

提供了安慰與愉快，這種情感並不構成真正
的崇高，它是痛苦與快樂之間內在的結合，
這種快樂就是理性超出了所有的表象，這種
痛苦就是想像或感性並不等於概念。在後現
代的藝術中則相反，它將在現代作品中的表
象本身提出不可表象的東西，否定被認為好
的形式所給予的安慰，否定審美的一致性意
見。後現代作品尋求新的表象不是為了享有
它們，而是為了給予不可表象的東西以更強
的意義。後現代的作家、藝術家所創作的作
品都不受先前確定的規則支配，我們不能使
用通常熟悉的範疇去評判他們的作品，因為
他們自己也在尋找規則。寫作是一種創新與
改造的「藝術」，不是一種話語或關於真理
的表述。

　　這樣，就回到了本節開始所提出的問
題：為什麼這種創新是正當的？我們根據什
麼來判斷其正當性呢？李歐塔認為，在正當
與不正當之間並沒有明確的界線，它沒有標
準，我們作出判斷也是無標準的，歷史本身

對我們並沒有多少幫助。

　　那麼，判斷究竟是如何作出的呢？李歐塔認為，判斷就是一種感受，人們可以沒有概念而進行判斷。假如我們承認判斷是有標準的，那麼，實際上在讀者與我們之間就有一種關於標準的約定了，這是古典主義的觀點而非後現代的。所以，當人們問我們判斷的標準時，我們是無從回答的，在此，回答了這個問題就承認了標準的存在。例如，我們對異端可能作出一種審美的判斷，這種判斷表現於我說到異端時的感受，而非在使用一個異端概念，對於我來說，這種異端既不好也不壞，沒有任何評價的標準。當人們作出判斷時，即當人們具有這種感受時，它不僅是關於真理的，而且也是關於美的、關於公正的、關於政治的、倫理的。

　　判斷的能力從何而來呢？李氏說，這似乎使人想起尼采的權力意志，而對那些像康德那樣的人來說，這似乎是神秘的，康德在《實踐理性批判》中則提到了意志。但這裡

後現代意義上的判斷力並非在於堅持標準的
慣例，而是在於想像，一種建構性的想像，
這種想像不僅是一種判斷力，而且還是一種
創造標準的權力。

　　沒有標準就沒有真理，因此，所有陳述、
語言都僅是關於可能性的陳述，而關於可能
性陳述實際上是一種意見。在各種意見之間
存在著分歧，相互間無法區分誰對誰錯，於
是，我們所處的位置只能是在審美的辯證法
中。因為沒有真理，我們就不是處在認識論
中，認識論因真理的不存在，而無任何存在
的必要。

第五章
公正的遊戲

　　本世紀初以來，英、美分析哲學逐漸成
了西方哲學的主流而盛行於各個領域，使得
某些理論或領域從本來非經驗的理論轉變成
了分析的對象，以致在倫理學方面也帶上了
分析、實證的色彩，分析哲學試圖爲已成爲
社會現實的某些問題提供一種實證的基礎，
提供邏輯的法則。

　　李歐塔覺察到了這種形而上學的、絕對
觀念的存在與發展趨勢，並認爲要透過他的
後現代方法來加以解決，他從語言遊戲中的
判斷過渡到了「公正」問題，從研究「公
正」概念而過渡到倫理學、政治學領域。

一、從描述到約定

　　「公正」或「正義」（justice）一詞由
來已久，最初是柏拉圖提出來的，在他那個
時期，公正被理解爲一種行爲。以後則逐漸

地發展成一種評價社會制度的標準，被當作
社會的首要價值。因此，人們認為，如果特
定社會中不斷循環、反覆出現的那些屬性與
柏拉圖提出的公正的含義相符合，那麼我們
便可以聲稱這些東西是公正的。柏拉圖所指
的公正是一種觀念，一種本質性的觀念，這
種觀念是由理論家或哲學家提供的，是在理
論家、哲學家、政治家的話語中得以確立的。
所以，如果某種制度與這種觀念相一致，自
然就被稱為公正的制度。

　　如此，公正的問題就可以回溯到最初的
描述性或意謂性的理論話語，這種話語就是
那些相信自己正在敍說真正的公正的人所形
成的話語。當柏拉圖在闡述什麼是公正的時
候，他總是把自己的陳述看作是理所當然
的。隨著柏拉圖對公正問題的描述的權威性
的顯示，就逐步形成了一股約定或指定的力
量，這種力量就成了社會公正的普遍原則。

　　由此來看，公正的實際履行是和那些描
述性的陳述相一致，它涉及一種信念，即人

們認為是公正的那些陳述往往包含著對這些
陳述的相信或承認。例如：對哲學家所說的
話的認可與相信。這就是說，存在著一類話
語，這類話語可以支配公正的實際履行，其
他的話語都從屬於它。這類話語相對於整個
政治文化傳統而言，它是共同的、約定的。
在一定的政治文化傳統中，人們假定，如果
描述公正的那些話語是正確的，那麼實際的
社會倘若遵循暗含在這些話語中的規定，那
麼也就是公正的實際社會。但人們通常不是
這樣想，有時並不認為某些規定是公正的，
例如，政治學話語。可是在任何情況下，這
又必然如此，個人則束手無策。人們不同的
生活景況總是受到政治體制和一般的經濟條
件、社會制度的制約和影響，也受到人們與
生俱有的不平等社會地位和自然秉賦的影
響，這種不公正或不平等是我們個人無法選
擇的。洛克、盧梭、康德都是持這種觀點的
社會契約論者。

　　然而，柏拉圖和馬克思則認為，公正的

背後有一個本體論基礎。柏拉圖試圖從本體
論觀點著手來說明公正，他把公正問題集中
於話語的指稱（所指對象）上，試圖從認識
論角度來確定公正的定義。馬克思的觀點與
此相仿，他認為，社會的不平等起源於私有
制的產生，如果我們能消滅私有制，那麼我
們的社會就實現了真正的公平。此外，自由
主義對公正問題的認識則稍有區別，自由主
義堅持了一種一般的公正概念是什麼的看
法，它堅持反映一般的人或個人主義的要
求，堅持在個人基礎上形成的一般秩序觀。
但這種一般秩序觀在當我們仔細考察它時，
似乎又顯得十分矛盾了。

　　以上種種觀點事實上都是從描述性話語
衍生出約定規則的，即公正的意謂性陳述然
後又轉變為指定性陳述。這種性質如同科學
敘事的合法性取決於後設敘事或最高的敘事
──哲學與政治學一樣，最初的公正的合法
性也是來源於哲學家、政治家的後設敘事。

　　一旦我們進一步分析公正的話語，我們

就會發現，在他們談論公正問題時，暗含著
一種後設秩序，即「如果（如果 P，那麼
Q），那麼 R」的公式。「如果 P 那麼 R」
就是指：「如果我們獲得了某一關於公正的
特定屬性，那麼也就能獲得公正」。但是，
按照這個公式，我們會作出循環性的推理，
「如果，那麼」實際上存在著一個預設前
提，如果這個預設前提不存在，那麼我們就
可以找到更大範圍的「如果，那麼」，並使
得較小範圍的「如果，那麼」從屬於較大的
「如果，那麼」。以致於我們爲了尋找最終
確定公正的根據，就會作出無窮回歸的推
論。爲了解決這個矛盾，邏輯學家仿照亞里
斯多德的見解，求助於話語的後設話語
——邏輯，用命題邏輯的形式賦予前提的權
威性，賦予理論話語的權威性。李歐塔則認
爲，這種方法實際上是不明智的，因爲想從
眞實性推出公正根本就不可能，公正只是一
個社會歷史的範疇，是一個語用學的範疇。

　　因此，政治思想的龐大機器就相信自己

是可以被證明為公正的，它透過在實踐領域
中的強制性來作到這一點，並因此使社會成
為「公正」的社會，使某一屬性在一個確定
的模式基礎上得以貫徹。對於政治機器來
說，所有理論上的闡釋都是無用的，就如同
一個指揮者在打仗發布命令時找不到其正當
性一樣。尋找正當性根本沒有必要，命令本
身就是正當的。李氏指出，這種政治模式實
際上類似於上帝與猶太人之間的關係，用上
帝最初對摩西說的話講就是：「讓他們臣服
於我！」政治機器把自己置於上帝的位置
上，對他的臣民作出指令性的陳述，而臣民
們則必須服從這種話語，使自己處於聽者的
位置上。

　　柏拉圖相信，如果人們具有「公正」的
存在觀，那麼人們就能把這種觀點移譯進社
會組織，社會也應當具有這種公正的屬性。
馬克思也同樣認為，存在著真正社會化的
人，如果社會與這種真正社會化的人相一
致，那麼社會就是公正的。這樣一些觀點，

我們都可以發現是從描述到約定，即從描述
社會具有某種屬性，然後對公正作出約定。
李歐塔顯然反對這樣的見解，他認為公正是
不能從本體論來解釋的，我們應當放棄柏拉
圖式的探討，基本上承認公正是一個在約定
中形成與不斷改造的概念。李歐塔也批評馬
克思的見解，認為從真正的人到公正的社會
的過渡給我們提出了一個問題：如果一個人
以此為根據，那麼這就意味著約定的陳述構
成了一種強制性，我們如何從真正的人進到
公正的社會呢？李歐塔認為，真實性與公正
是毫無聯繫的，在規定的陳述中，就我要做
某事的「做」而言，我是這個暗含的話語的
接收者，是這個指定的陳述之動作的執行
者，因此除對我來說這個話語是一種指令
外，別無其他人。但是，這種話語是很少的，
因它只集中於指稱，而不集中於談話的對
象。換句話說，你與真實性沒有聯繫，真實
性與公正、描述與約定是相分離的，以致公
正就不從屬於真實性意義上的標準。從語言

對話的意義上，不管什麼話語，只要是社會
約定的，這個社會中的人都必須遵守這種約
定。所以，公正的意義在語言中的用法與理
論上的用法是迥然有別的，公正與眞實性並
不具有相同的存在形式。

　　一般而論，我們只能從約定的角度理解
公正一詞。在任何情況下，社會都具有有關
公正的約定秩序。對一特定社會而言，公正
的問題是不可能按照一定的模式來解決的。
李氏認爲，公正的問題在任何時候都可以追
溯到某個模式，但這個模式是從建構的習俗
約定中得出的。

二、理解的鑰匙

　　求助於約定來說明公正，離不開話語與
語用學，一旦我們離開了語用學與具體的話
語，那麼就沒有公正可言了。我們說社會有

否公正，是抽象的、脫離語用學的。

　　李歐塔的公正觀在許多方面類似於羅爾斯 (John Rawls) 的《正義論》(*A Fheory of Justice*) 中的觀點，尤其是在運用語言遊戲方面，在對結果的選擇方面具有共同性。不過，他並不同意羅爾斯所謂確定公正的意義必須借助正確的理論的觀點，而是認為公正無法從所謂的正確理論中推導出來，也否認公正有必要從專家、哲學家或有識之士的理論話語中得到。

　　既然李歐塔認為必須從約定角度來回答公正是什麼的問題，那麼公正與德性是類似的，但兩者又不完全相似。例如，一個人作出判斷可以是毫無標準的，但卻可以是公正的，例如，他是受過很好教育的，因為存在著習慣，因為存在著人類精神的教育學，這些因素都將標誌著一個人的判斷可以是一種相對公正的判斷，而德性顯然是就行為而論的。

　　在公正的解釋上，李歐塔採用了辯證

法。他論證了一個基本的命題：不存在公正
的社會。他認為，如同我們沒有一個有標準
的判斷一樣，公正是無法求助於認識論的，
是無標準的，就好像不存在政治的科學、不
存在後設語言，公正與判斷都只是意見，意
見是不確定的、關於可能性的。每當我們談
到公正或判斷時，我們只能在語言中「逐例
逐例」地作出說明，卻不能作出總的說明。
同樣，我們可以說有經常公正的人，但卻沒
有始終公正的人。李氏說，他在這個解釋中，
是個亞里斯多德主義者，一個辯證法者。社
會的契約發生在辯證法領域，發生在意見的
順序中。

　　在現代性時期，盧梭等人廢除了公正與
理論話語的相關性。盧梭認為，公正問題是
可以用一組陳述來約定的。這種約定觀完全
不同於柏拉圖的公正觀。他認為，對公正的
定義是沒有必要求助於科學的，之所以不求
助於科學，是由於公正完全由人的自由意志
來決定，意志是有自主性的，人們承認公正

並服從它，就是因為公正本來就是意志的產物，是人們的自我決定，就像議會中投票選舉一樣，公正也是由大家共同決定的。在意志的自主性和自我決定之間存在著密切的關係。是人們自己形成自己的法律。但是，李氏認為，這也僅僅是理論的。實際上，任何一個人在他出生時就面對著這種約定了，他本人是話語的接收者，在他發出話語之前，那些約定的規則就已存在了，他自己也是異化了的約定的對象，而非約定者。事實上，人們也從來沒有感覺到自主性、自由意志的存在，也從來未給我們稱之為約定的規則投過票。

　　李歐塔認為，對於約定的問題，我們只能辯證地對待。以卡辛納窪印第安人的敘事為例，他們的敘事有許多是神聖的，它有固定的模式，但也有一些是褻瀆的敘事，它反映了敘事者的要求。在這兩極中，無論什麼時候何種情況下，敘事者始終都是從「我將告訴你們一個關於 X 的故事，這個故事是我

以前聽說的！」然而，敍事者並沒有提供自
己的名字，他只是重述這個故事，現在他雖
是一個講故事的人，但他從前也是一個聽故
事的人，這個故事表面上看並非由他本人所
參加的，也不是他本人編造的。在敍事中，
他也不是自主的，相反地，這也是他的職責。
之後，在下一代的敍事中，他的名字才成為
一個敍事者。當然，由於他在講故事時並未
告訴人們他的名字，所以，下一代常常會把
他遺忘，但始終會有人擬出一個卡辛納窪的
名字來替代，這個名字是一個秘密的名字。

　　約定是開放的。李氏認為，約定論是我
們基本上同意的一種觀點，約定也是開放
的，因為隨著社會的不斷變化，原先約定的
內容也發生變化。以卡辛納窪印第安人的敍
事為例，每一代人的敍事不可能一成不變，
儘管其有固定的儀式，但每一代的敍事者都
一定會穿插一些自己那代人的活動史中的內
容。

　　傳統也是辯證的。李氏認為，有的人會

主張傳統遺留下了公正問題，因此必須從考
慮傳統來考慮公正。實際上，當我們說到傳
統時，傳統不是沒有差異的，而是有分歧的，
敘事雖在重複，但敘事也不是同一的。敘事
在他的重複中總是有的被遺忘，有的則屬後
人的創造虛構。因此，傳統就有必要被重新
思考，傳統是一個關於時間的概念，不是關
於內容的概念。西方人總是想忘卻過去的時
間性，試圖保留其內容，把傳統的內容轉換
成歷史，並認為這種歷史是累積性地進步
的。但在李氏看來，這並非進步，並沒有什
麼東西被積累下來，敘事一直是重複。

　　從語用學角度說，人們進入語言的時
代，開始不是說，而是聽。他們像小孩那樣
聽人家講故事。但照此說來，語言從何而來，
社會政治從何而來呢？是不是在社會之外所
賦予的呢？

　　李歐塔對這些問題的理解同樣是辯證
的。他認為，卡辛納窪敘事者在任何情況下
都不可能背叛原來的習俗與規定，他所聽到

的故事必然是要重複給人聽的，他的意志決
非自由的。語言、社會政治、法律都是產生
於社會內部的約定，而約定則內在於敘事的
語用學中。卡辛納窪敘事者是匿名的，並且
我們發現它始終如此，從第一次敘事到那些
較後來的敘事，都是如此。這不是因爲偶然
如此，是因爲故事的作者並不重要，關鍵的
問題是故事所指的內容與聽衆。隨著故事的
不斷傳播、講故事的人的不斷更替，故事的
內容也在發生變化，人們也越來越明白故事
的內容不是某個卡辛納窪人所創作的，而是
整個卡辛納窪人所做的一切，是他們自己祖
先的歷史，是他們本氏族或部落所遭到的命
運的挑戰史。

　　這樣，我們就得出了上述問題的答案，
語言、社會政治、法律等等起源於這個民族
的實際的活動，起源於他們的行爲，是由他
們的活動史構成的。李歐塔透過卡辛納窪敘
事的類比，終於確定了公正的形成原因：它
有三種秩序，一種是自主性，這是西方思想

的特徵，它可以在政治的領域中處處被發
現；一種是社會契約的必然形式，是一種強
制性秩序；第三種是異端，在實際履行中的
想像性創造，從而改變了傳統的內容。這三
種秩序實際上都是行為，所謂公正，也就是
以某種方式行動，不過這裡的某種方式不是
定義公正的條件。

公正是一種特殊的語言遊戲，它並非衍
生的。語言遊戲是多種多樣的，我們不能在
同一水準上來解釋語言遊戲，不能對它們作
出同樣的衡量。

三、公正的效用

科學曾經給我們這個世界帶來很大的效
益，社會政治制度、慣例等是否也具有相應
的社會效用呢？這是李歐塔1979年以後出版
的著作所要論證的又一問題。他主張，任何

約定的慣例、制度，都可以改變世界，給世界產生一定的影響。

當科學家描述那些從未有人見過的東西時，他的描述被當作純粹的虛構。僅當這種描述的那些名稱與效果相對應時，人們才相信科學家的確描繪了一個實在的事物，並且這種事物才開始透過科學家的話語成為存在的東西。從而，科學家原來被認為是虛構的話語就改變了世界存在的內容。

描述能改造世界，約定是否能改變世界呢？這裡，所謂的「改變世界」僅僅是指改變了語用的觀點。存在著各種改變語用觀的方法，這些方法限定了語言遊戲的界線，對語言遊戲作了規定。每一種語言遊戲都必然是特殊的，任何遊戲都是相互間不可通約的。如果我們承認這一點，那麼這種特殊的語言遊戲與陳述的形式、語境等就必然會對存在的世界產生影響。之所以如此，是因為我們這個世界就是我們的語言，語言是世界的圖畫。正如維根斯坦在其《邏輯哲學論

中說的，思想是世界的圖像，把握思想也就是認識世界；思想則是由語言構成的，因此，掌握了語言也就是把握了思想、把握了世界。語言豐富了，實在世界的內容也隨之豐富起來。但是，有人也許會說，佛洛伊德對夢的研究則未必如此。在佛洛伊德的話語中，話語的接收者、言語對話者是處在自己不清楚自己在幹什麼的言語者地位上的人。而實際上，在話語中佛洛伊德又把他作為一個清醒的人來考慮，一個作夢的人。從這樣的話語來看，改變世界是人們不能相信的。但李氏認為，任何話語都不可能沒有效果。

　　與描述不同，約定的效用是非常清楚的。約定在形成過程中其本身就包含著一種產生效用的期望，哪怕約定不能當即起作用，對於一個約定的接收者來說，都會感到有一種強制性、一種壓力的存在，不管這個人是否願意按照約定去做，都是在這個勢力的影響下。

　　李歐塔用上帝與猶太教徒做比喻說明了

這一點。他說，對一個猶太教徒來說，他不知道上帝究竟掌握著什麼，但他自己所擁有的是服從，處在一個強制性的地位，掌握著一些零碎的雜務，如洗衣、烹調做飯等，因為他不希望上帝有分配食物、洗衣、做飯的權利。猶太教徒的話語是：我們並不知道上帝本人的任何東西，也沒有什麼是我們可以說的，我們稱呼他「上帝」，但最終我們卻不知自己稱呼的這個東西是什麼。同樣，當我們稱某種條例為法律時，我們不是指這種法律得到了定義，而是意味著我們必須遵守它、服從它。當我們說存在著法律時，我們並不知道這種法律說什麼。還存在著法律的法律——後設之法律，它聲稱：「法律是公正的」，但我們並不知道它是怎樣成為公正的。我們所要做的就是服從它，服從就是公正，不服從就沒有什麼公正可言了。

　　包含在語言遊戲中的話語，是關於歷史的話語，語言遊戲是人類共同體歷史的遊戲。儘管如此，卻不存在一個普遍的或一般

的遊戲，遊戲總是特定的、具體的。以猶太
教徒爲例，猶太教徒拒絕承認本體論的遊
戲，遊戲是在他們的活動中自然形成的，不
是從其他遊戲中衍生的或外部力量強加的。
即使印第安人的敍事，對其多數成員來說，
似乎共同面對著這種敍事，但這也只是語言
遊戲中的一類。把語言遊戲的解釋概括爲本
體論層次上的普遍的語言遊戲的做法，是黑
格爾主義式的整體論思想的表現，這是後現
代主義所要集中反對的目標。李氏認爲，語
言是不可譯的，我們不可能找到兩種語言間
的通則；如果語言是可移譯的，那麼它就不
是語言遊戲，這就好像一個人想把下棋的規
則與戰略轉譯給另一個下棋的人一樣地不可
能。

　　本體論屬於一種特別的語言遊戲，這種
語言遊戲最早開始於巴門尼德。巴門尼德
說：「存在者存在，它不可能不存在。」
「可以言說、可以思議者存在，因爲它存在
是可能的，而不存在者存在是不可能的。」

巴門尼德認爲，存在者存在，不是因爲存在者可以生滅，而是因爲它不生不滅，因爲它是唯一的、不動的、無止境的，它既非過去的存在，也非將來的存在，因爲它整個在現在，是個連續的一。如果巴門尼德的這個遊戲是眞實的，那麼巴門尼德就是第一個玩這個遊戲的人。李歐塔認爲，這種遊戲不是眞實的遊戲，眞實的遊戲是對立的雙方或各方一起進行的，它的第一個要素就是有接收者。有了談話的對象，我們才能進行各種話語，在各個話語中，人們都是處在參加遊戲的位置上。

公正的效用也就是與之相應的語言遊戲的效果，就如同一本書對於讀者的影響一樣。在語言遊戲中，每一個參加者都加入到對話中，遊戲者既是說話者，又是對象性的接收者。在相互間的對話中，儘管各個人的言語不具有普遍價值，但卻意味著局部的、暫時的約定。人們在對話中受到了教育，找到了那些成爲慣例的規則，這些規則就對談

話者產生了制約性影響。在對話中，人們開
拓了一個比單個人要知道得多的場所，每一
個談話者就其個人而言，他的學識是有限
的，而他加入語言遊戲中時，便大大地擴大
了學識的界限。這就是語言遊戲發生作用的
原因，因而也是公正發生效用的原因。

四、想像的創造

　　就後現代話語的敍事性而論，其合法性
就是各個遊戲者在參加遊戲時暢所欲言，依
靠文學家、藝術家那樣的豐富想像力進行創
造。李歐塔要求人們成為一個異端的人、一
個懷疑的人。在遊戲中，人們處在一個創造
和理解語言的意義的語用學環境中，處在強
制性的生活經驗中，他所面臨的真理不是認
識論或本體論意義上的，而是倫理學意義上
的。因此，真理同樣可以是錯誤的。有鑑於

此，人們就可以進行各種各樣的語言遊戲，
形成各種創造和理解語言意義的策略，發動
我們的想像力。

　　在遊戲中，人們經常從一種遊戲轉變到
另一種遊戲，這不是因為另一種遊戲優於這
一種，而是一種異端的形式。我們說一個人
是異端的，只是說在他理解語言意義時，有
各種不同的語言遊戲，提供各種不同的意
義，這些意義不存在誰好誰壞、誰優誰劣的
問題。同時，在一個人所想到的語言遊戲之
外，或許還會有別的令人感興趣的遊戲可以
提供我們理解語言的意義。

　　最具有想像力的是藝術家，藝術家是真
正異端的人。藝術家喜歡從一種遊戲轉變到
另一種遊戲，在這些遊戲中，他們總是試圖
描繪出遊戲的新動向，總是試圖創造新的遊
戲。在這種藝術家的企圖中，包含以下兩種
情形：一種是用現行的遊戲規則來開拓新的
效用的可能性；另一種是改變原來的遊戲規
則，用其他規則來玩遊戲，或者創造新規則

根本上改變原來遊戲的形式。例如，當巴門尼德在進行關於存在概念的語言遊戲時，他引進了一個那時還沒有人玩過的語言遊戲，這個遊戲是那麼地複雜，那麼地困難，又在表面上那麼地令人可笑。同樣，當佛洛伊德提出力必多是人的活動的推動力時，他也引進了到那時爲止人們所未能使用過的遊戲。形成新的遊戲或改變遊戲的規則的活動，是需要很豐富的想像力的活動。

當然，人們還可以透過想像來改變原來遊戲的方法或者引進新方法來改變語言遊戲。例如，理論家在研究工作中，常常採用了這類改變遊戲方法的途徑。總之，人類文化的展開過程，也就是語言遊戲的不斷改進與創新的過程。

由此可以推論，人們關於公正的遊戲也是不斷地被改進的，儘管其主要地是個約定的過程。如果我們在原則上承認公正的遊戲是在約定的領域內進行的，如果我們把十八世紀歐洲關於公正實際作出的約定與今天相

比較，那麼，你就會看到今天的公正觀究竟
起了多大的變化。那些舊時的契約幾乎喪
失，而今天卻存在新的、令人驚奇的、完全
不依賴舊時契約的內容。例如，道德是對新
思想最具有強大抵禦力的，道德規範也是約
定的產物。但在社會變化過程中，道德規範
隨著人們對待行為的態度的變化，其意義也
不斷發生改變。道德與價值觀的變革是可以
在調查中確認的事實，今天的歐洲，三分之
一的年輕人贊同父輩的政治觀點，四分之一
的人贊同父輩對待性關係的態度，而越是主
張性自由的人，同老一輩的態度越相逕庭。
就這一點而言，社會態度、宗教態度以及道
德觀是較有抵抗力的，但調查對象越年輕、
教育水平越高，這方面的抵抗力就越小。

　　人們在遊戲中的想像，實際上就是一種
在排除了形而上學與認識論之後的「後哲學
的自由思考」。正如羅逖所主張的，在後哲
學文化的時代，哲學已經不是文化的基礎、
文化的核心了。後現代文化是一種飄忽不定

的文化，一種無規則的文化，大寫的哲學
（即形而上學哲學、現代西方哲學傳統）死
亡了，但小寫的哲學（無理論體系的哲學）
卻依舊存在，小寫的哲學的任務就是要讓新
思想、新詞彙進入到文化的變化中，讓新思
想、創造精神充分地發揮出來加入到語言遊
戲中來。

公正，原來是約定的，但後來卻與權力、
政治聯繫在一起。隨著啓蒙運動的推進，資
產階級政治革命逐步地把公正從權力、政治
中解放出來。隨後，進入後現代以來，公正
的概念得到了長足的發展，政治、權力已經
逐步喪失了對它的制約能力，它因而成爲人
們語言遊戲中的概念，人們的意見推動了它
的發展。人們創造了公共輿論對國家、對政
治家施加壓力，從而改變了公正概念。

公正的語言遊戲是多種多樣的，因此，
約定也同樣有分歧。例如，我們可以舉出政
治家與平民兩類截然有別的約定。政治家與
經濟巨頭所形成的語言遊戲認爲他們的公正

才是眞正的公正概念，但平民卻不承認，並
反而認爲是不公正的，應該加以推翻，不推
翻就不可能獲得公正。這兩類遊戲之間的對
立，是導致戰爭的根由。這兩類遊戲中的約
定其性質完全相反，兩者互相侵害，互不相
容，都認爲對立的一方是不公正的。李氏認
爲，要在此雙方分淸誰是誰非是不可能的，
因爲無法找到一個判斷它們的標準。不過，
我們雖不能獲得一個統一的判斷標準，但我
們卻可以用康德的方式、用黑格爾的方式來
判斷，用基督敎的方式判斷……用任何一個
主題來判斷，這個主題是無限的，我們盡可
以任意地想像出一種方式來判斷。這就是公
正問題上的超越。所謂超越，就是我們並不
知道究竟是誰提供給我們那個適當的主題，
是誰提供給我們約定的規則。我們所具有的
是人人都具有的無主題、無規則且等待我們
去發現與創造的遊戲。

第六章

政治的遊戲

　　各種遊戲之間的分歧，導致了它們之間的對立。公正問題的遊戲導致了不同階級之間的對立，從而導致了政治問題的形成與解決。

一、從公正到戰爭

　　李歐塔說，公正基本上是約定的，但公正卻具有強制性。統治者與平民的約定迥然不同，國家與民族之間的約定更有天壤之別。這兩類約定之間存在明顯的對立。

　　在統治者、經濟大亨、巨頭約定為公正的與平民約定為公正的兩者之間的對立，往往形成了貧民百姓反對統治者和富人的戰爭，這類戰爭是國內戰爭。

　　另一類是國家、民族之間的不同所產生的公正觀之間的對立，導致民族之間與國家之間的戰爭。在一些發達國家看來是公正的

約定，對於一些弱小民族與不發達國家來說
卻是不公正，弱小民族或不發達國家總感到
有種強迫感。例如，六十年代美國在越南、
法國在阿爾及利亞曾經做過許多禁止有理性
的整個民族的存在。越南人、阿爾及利亞人
看到了自己處在一個被強迫的語用學位置
上，對他們而言，許多語言遊戲的語用意義
是被嚴厲禁止的。因此，他們有權反對這種
禁止。這種反對壓迫的形式就是民族之間、
國家之間的戰爭。

　　在這裡，公正就是面對各種不同的遊戲
與約定，必須能夠容忍不一致性，而不把自
己的約定限制別的約定，強加給別的遊戲
者。

二、從遊戲到政治學

　　關於公正的遊戲最終導致戰爭，戰爭已

不再是一種遊戲而是政治了。於是，公正就
轉變成政治學了，它成了一個絕對「非道德
的」問題。

　　李歐塔認為，在政治中，某一國家的重
要人物是死是活並不能改變這個國家政治、
經濟的方向。政治、經濟方向的變化，政治
動蕩是由第三黨的意見推動的。因為，在兩
個對立的階級的鬥爭中，我的支持者認為我
是公正的，而別的階級的支持者則認為那個
階級是公正的。這種對公正的判斷完全是自
由的，不存在任何壓力。只有這種自由判斷
的公正性，才是真正公正的社會約定。

　　從人們對政治的研究表明，一個複雜的
政治共同體取決於該社會政治組織和程序的
力量，這種力量又取決於該組織與程序得到
支持的程度，這種支持的程度主要是指該組
織和程序容納社會的廣度，如果大多數民眾
在政治中被組織起來並按照一定的程序，履
行其社會活動，那麼這個範圍也就比較大
了。同時，這個程度還是指形成一個穩定的、

受到尊重而不違反的行為模式。否則，這個
社會的政治共同體就會處在廣大民眾的反對
之中。亨廷頓 (S.P. Huntington) 在其《變
革社會中的政治秩序》一書中曾指出，最簡
單的政治體系是那些完全依賴於個人的體
系，這種體系是最不穩定的、最短命的。其
實，公正也在戰爭中得到了重新約定和調
和，這種調和的形式就是雙方的讓步與默
認。

　　不同階級、不同民族之間關於公正的鬥
爭如同人們在語言遊戲中的爭辯，當人們面
對各種不同的話語時，某些極端性的觀念逐
步地中性化了，並被人們所忘卻。在實現了
雙方的約定之後，約定的內容沒有什麼是神
秘的了，我們並不知道是誰強迫誰，在強制
性方面我們無以言說，不可能有人會固執於
敘事的一極或指稱的一個方面。約定是超越
敘事和指謂的內容的。

　　在語言遊戲中，「聽」是人們最重要的
義務，語言遊戲的規則也就是處理聽的問

題。語言遊戲的公正性在於：人們說話只是
由於人們聽，即說話是作為一個聽者而說
的，而不是作為一個作者而說的，這種遊戲
是沒有作者的遊戲。

三、政治不是知識

　　李氏主張，不存在歷史理性，歷史是一
切偶然性事件的集合。如果我們把對歷史的
理解看作語言遊戲，那麼歷史就完全獨立於
知識之外。我們可以說：沒有關於倫理學的
知識，也沒有關於政治的知識，因為，人們
發現並不存在關於實踐的知識，人們無法把
自己置於一個談論社會整體的話語中，充滿
社會的、給社會賦予內容的是不同語言遊戲
的參加者所捕獲的大量偶然情形，社會之網
就是由這些偶然情形編織起來的。

　　正因為如此，我們對這些偶然情形的理

解就不能使用哲學的方法，而只能逐例逐例
地判斷。一個政府如果要做出什麼決定，若
根據所謂的歷史理性，是根本不可能的。政
治決策根本無法從歷史理性中產生出來，無
法根據知識得出某種結論。換言之，政治遊
戲是獨立於知識之外的。

　　用政治學家的話說，政治遊戲是由政治
理想、現實與解釋所構成的。在政治遊戲中，
理想的語言包括用來解釋什麼是政治的本質
的基本詞彙和形式，也包括多種政治形式之
間的邏輯聯繫、句法要求或語法，這些理想
的語言幫助我們形成關於政治活動中，是由
憲法提供的。然而，政治的現實卻是兩回事，
它是由一些政治家的實際表現所構成的。一
方面，政治家在公開場所為爭取民心而大唱
平等、自由與公正的調子，另一方面他們又
處處與理想語言相對立，以不平等代替平
等，以強權代替自由，以權勢代替民主。政
治解釋則為理想語言與現實之間產生的差異
作出說明或提供辯護，這種解釋是維護統治

的語言、維持現狀的語言。廣播、電視、報
紙等新聞媒體是為現狀提供辯護、維護統治
的基本手段。

　　所以，政治遊戲同樣找不到依據，也沒
有歷史的理性。每一位政治家、每一時代的
政治都是從政治者的實用性出發的。從政治
遊戲的角度說，每一代統治者的政治遊戲都
是有分歧的，這種分歧是政治衝突的根由，
同時它也奠定了遊戲中異端出現的基礎。

　　在政治社會中，法律總是試圖排除一切
與之不相適應的那些引起法律自身變化的語
言陳述，使每種關於公正的觀點都從屬於它
的後設語言。這樣，在法律中或者在法律的
轄域內，關於公正的觀點就潛存著衝突，為
了解決衝突，就必須有一個調節者，這個調
節者在兩派之間來進行判斷，處在兩派衝突
的邊緣上。例如，勞資之間的衝突，勞動者
卻不能用任一用語對公正問題作出判斷，人
們聽到的是一個發出怨言的他，這個他是一
個受害者，是一個被迫成沈默的人。在這個

社會中，任何個人都無法改變那些既成的有
分歧的東西，我們每個人都無法根據現有的
知識來論證什麼是公正的。我們從屬於這個
社會，這是不可改變的事實，這是我們唯一
能說的社會是公正的方面。

四、瞎子的拐杖

　　為了解決政治遊戲中公正觀的分歧，李
歐塔引進了康德的「理念」（idea）作為調
節者。他認為，後現代必須祈求一個作為非
整體化的完全不同的語言遊戲的社會理念，
祈求一個還沒有被現實化的，仍然被保留的
理念，這個理念先於我們而存在。

　　對於康德來說，理念不同於意見，它有
無限的用法，意見概念則較之理想粗糙。在
亞里斯多德看來，如果前提是意見，那麼結
論也是意見。對康德而言，理念似乎與似真

性沒有關係的，它並不基於敍事的內容，相
反地，卻基於某些有待進一步研究的將來的
內容。它是人們反思判斷的自由領域，超越
了感性經驗的界限。所以，我們不可能沒有
公正的理念而掌握著政治學。如果我們沒有
公正的理念，卻獲得了政治學，那麼最終成
為公正的就是人們在意見的基礎上認可的東
西，這種認可也就是類似約定的共同意見。
相反地，我們採用康德的理念概念，就等於
我們有了一個解決遊戲分歧的調節者。

康德的理念是「有理性的人的總體
性」。這個理念與一般的概念是大相逕庭
的，它與李歐塔所說的「異端」相近。異端
所以是必要的，是因為它作為理念的世界，
它是沒有任何實在內容的，我們不可能尋找
到一個具有終極意義的實在世界的摹本。

李歐塔認為，對於理性的政治學、社會
學與經濟學等這樣一些領域，有兩種理解它
們的方法：一種是在約定主義意義上對異端
的理解，另一種是康德意義上的理解。但是，

根據約定論的規則，公正是什麼呢？我們是
難以分析的。而根據康德的觀點，也會產生
另一類困難，即容易把理性與理念聯繫起
來，卻不是把理念作爲語言遊戲，即使如此，
它也仍然有一種「仿佛」的秩序，仿佛理念
是一種目的性，仿佛這個理念是有理性的人
所具有的，它不是一個概念。

　　在實際進行的遊戲中，我們面對的都是
意見。問題是：在這些意見中，我們如何作
出決定？如何來判斷這些意見？從哪裡得到
這種判斷的能力呢？人類社會是複雜的，人
們不僅要考慮整個社會是一個感性的自然，
把它看作是已形成的法律、習俗、規範的集
合體，而且，人們可以透過把社會看作超感
性的自然、看作不在場的非特定的東西來決
定自己的行爲。由於這種超感性能力的介
入，意見的指導也就消失了。這種超感性的
能力不是後天形成的認知能力，不是知識的
能力，而是先在於我們的，是一種先驗的理
念。

　　應當指出的是，李歐塔吸取了康德的
「理念」，但卻不贊同康德關於整體性的觀
念。他在解決政治遊戲的分歧時，他處於康
德的傳統中。他在〈論普遍歷史的通信〉一
文中，以語言為論證手段，發動了對後設敍
事方式的文化帝國主義的攻擊。他論證道，
如果我們要問一個諸如「我們應當根據人類
普遍歷史的理念來理解社會現象與非社會現
象的多重性嗎？」的問題，那麼，這個問題
其核心就在於「我們」這個詞的眞正用法。
他寫道：「我們」這個詞是一種語法的強制
性形式，其目的是要透過普遍人性的結合這
一虛假前提來否定和忘卻其他文化中的
「你」和「他」的特殊性。因此，我們必須
與「我們」斷絕關係，這個「我們」除了是
一個服務於統治者的「合法性」概念外，它
是一個絕不能存在的政治—語法範疇。相反
地，人們必須擁有並推進各種文化的多樣性
形式，而非求助於普遍原則，求助於對整體
性的理解。如果李氏完全贊同康德的總體性

理念，那麼李氏將是自相矛盾的。李氏的理
念，也就是我們處在政治中具有一種判斷
力。作爲一個政治家，不可能沒有公正而從
事政治活動。公正判斷不等於政治理念的能
力，它是一種政治領域中的調節者。

五、來自後現代主義者的異
　　議

　　李歐塔的公正理論提出之後，受到了一
些人的反對。第一種是羅逖提出來的，羅逖
論證道：李歐塔不能在一方面依附共相、絕
對，另一方面又主張在絕對合法性的解體之
間即極權主義與無政府主義之間想像任何東
西。羅逖認爲，李歐塔的觀點忽視了美國哲
學家爲代表的實用主義的整個傳統，絕對地
假裝對形而上學理念不抱任何期望，卻仍然
不放棄獲得民意的期望。李氏堅持認爲，在
不同的文化語言和「名稱的世界」之間是絕

對不相容的、不可通約的。羅逖則主張，文
化之間固然存在分歧，但這些分歧並不等於
絕對不相容性，如果李歐塔的觀點是眞實
的，那麼對任何人來說，學習另一種語言不
僅不可能，而且就連區分出別的語言和自己
的語言的不相容性也是不可能的。我們在語
言遊戲中之所以要接受民意決定論觀點，不
是根據絕對或普遍承認的人類本性，而是根
據對立的黨派之間逐步的相互協調的過程。

　　在這方面，除了羅逖對李氏作了批判之
外，還有德國的馬克思主義理論家哈伯瑪
斯。哈伯瑪斯的「交往行爲模式」涉及了一
個基於理性、公正、民主原則之上的倫理綱
領，他對公正的理解是以交往行爲爲根據
的，而人的交往行爲歸根到底都是由各種地
位不同的人的利益競爭之多重性決定的。哈
伯瑪斯的研究並沒有放棄倫理學的合法性形
式，他的倫理學仍是理性的。在哈伯瑪斯看
來，李歐塔對理性原則的攻擊最終是非理性
的，在其犧牲公平原則而從事的「公正的遊

戲」的研究中，也是「新保守主義的」。

　　李歐塔對待哈伯瑪斯的批判則始終如一
地重述他對普遍理性的懷疑、對整體性的懷
疑，強調對共相或普遍性的摒棄。但是，李
氏的論證中，多樣性並沒有得到保證。因為，
他認為，文化利益多樣性的形成與保證是衝
突所產生的革新。但這無疑是無視歷史的證
據。如果我們不求助於普遍形式，不求助於
知識的合法性，那麼我們就不可能建構一個
支持多樣性文化形式的有意義論證。

　　第二種反對意見是批評李氏對當代世界
中兩個正相對立的瓦解合法性的結果之間的
分離。一種結果是訊息的生產和交換系統的
空洞的功能主義，另一種就是非邏輯的創
新。這兩種結果都是現代社會發展的產物，
在當代生活中，兩者都是從同一非合法化語
境中產生出來的，但李氏卻堅定地站在非邏
輯一邊。這一點正是李氏的政治理論與其早
期心理分析與美學判斷的最明顯的交會點。
但儘管如此，李歐塔並沒有將這種非邏輯貫

徹到底。一方面，他認爲多樣性、非邏輯將
是構成後現代性的目標；另一方面，他卻沒
有告訴人們如何區分「破壞性的」革新與實
際上需要推進的整個資本主義市場的永久多
樣性的分析框架。

第七章

結語

　　李歐塔哲學思想的整個依據可以歸之於
兩個最著名的哲學家——康德和維根斯坦。
他採用了維根斯坦的語言遊戲說作爲方法，
又使用了康德的辯證理性觀來闡述多樣性，
使現代世界中原本井井有條的秩序觀、統一
觀分解龜裂，陷於一片混亂之中。

　　李氏認爲，後現代世界的一個基本特徵
是統一性的泯滅，隨之而來的是各種各樣不
可通約的語言形式。由於他引入公正概念，
遊戲也就轉入倫理與政治的領域。公正問題
原來是個判斷的問題，但是，在對公正的分
析中，李歐塔引入了康德的理念觀，以作爲
公正問題的調節者。理念作爲一個調節者，
在康德那裡就是一個統一性或總體性的問
題，理念在道德中表現爲有理性的人的總體
性；在政治學中，則表現爲人性的統一性，
至少是從宏觀政治學觀點來看所表現出來的
人性、要求和平的人性。而李歐塔則把理念
當作人先天具有的一種判斷力，依賴這種判
斷力人們可以調節各種互不相容的公正觀。

　　在多種多樣、形形色色的語言遊戲中，
每一種都具有各種任務，履行各種功能，它
是極為複雜的，其間存在許多變化。這些不
同的任務與功能有的受到約定的影響，有的
受到敘事的影響，可以說它是語言的語用學
的混合物。其參加者透過語言遊戲來分配角
色，占居了某種別的人無法替代的地位，占
居了別的遊戲所無法替代的地位。

　　所有對語言遊戲的觀察都可以表明，語
言遊戲缺乏統一性與整體性，所有的語言遊
戲並不構成一個實體。相反地，我們今天想
利用來作出政治判斷的觀念也不可能是關於
整體性的觀念或統一性的、實體的觀念，而
只能是多重性或多樣化的觀念。

　　李歐塔強調，在社會中任何人都不能占
居支配別人的地位，這是公正的實質。政治
是透過少數與多元性來自我調節的，政治企
圖在自我調節的意義上發展少數，因為沒有
少數就不能成為多數。相反地，多數則可以
成為少數。這樣的政治將會重陷危機之中。

唯一公正的是任何少數人都不能施加於另一
些人。

　　假如人們眞正處在語言遊戲中，那麼公
正的觀念就不會介入。公正問題的存在都是
因爲人們試圖在這些不可通約的、不相容的
遊戲之外來判斷或決定遊戲的內容或規則，
來求得它們的統一。如果遊戲具有約定性質
或使指定的東西合法化，例如：「描述性的
遊戲由於『專家』的介入經常被認爲包含科
學的內容」等，那麼我們就可以說這種遊戲
是不純的。顯然，這種遊戲的效果就必須透
過公正的「理念」來加以調節，在此，公正
的理念在於維護維根斯坦語言遊戲的純潔
性，在於敍事的遊戲。在某種程度上，語言
遊戲伴隨著「要我重複」、「要我繼續下
去」、「要我完成」等等之類的指令性。然
後，公正的觀念就必須對這些強制性加以調
節。例如，它可以調節遊戲者，指出：在這
個遊戲中應當注意「存在著理解」、「存在
著過度的行爲」、「存在著濫用詞彙」等

等，公正的理念自始至終位於遊戲的過程
中。

　　旣然公正的觀念常常要提醒遊戲的參加
者注意某種理解、過度行爲、濫用詞彙的做
法，那麼實際上我們也就默認了公正的標準
了。但李歐塔卻認爲公正是沒有標準的。因
爲，標準的觀念來自於認識論，特別是來自
於眞理與指稱或實在等等話語。這種眞理、
實在、指稱一類的實在論詞彙在任何一個後
現代主義哲學家或作家那裡早已被槍斃了，
新確立起來的則是約定論、實用主義。

　　語言需要我們去做什麼呢？回答了這個
問題也就回答了我們所有的問題。在每個後
現代主義哲學家看來，語言需要我們做什麼
意味著人們已進入語言遊戲之中，使用語言
時的方法，並意味著我們可以在任何地方進
入語言遊戲的狀態。在遊戲中，他可以發表
自己的見解，但他並沒有掌握或控制語言，
因爲語言的意義從一個遊戲轉變爲另一個遊
戲時發生了改變。在語言遊戲的不可通約性

面前，維持語言的多元性、多樣化是公正的，否則是不公正的。

每種語言遊戲都有它自己的語用效應，一個後現代主義者應當把公正看作是認識到語言遊戲的多重性、多樣化的公正，這種公正避免了相對主義。因為，相對主義是自相反駁、自相矛盾的。正如羅遜在〈後現代主義的資產階級自由主義〉一文中所指出的，如果我們堅持相對主義觀點，說「一切理論都是相對的」，那麼這本身是相矛盾的。假如說這句話為真，那麼就肯定了在「一切理論都是相對的」之外還有這句話是真的、絕對的，那麼該命題就不成立；假如我們說這句話是假的，那麼我們就無從相信這句話本身所說的這個命題。相對主義觀點必然會導致遊戲間界線的消失、分歧的消失，從而導致政治的終結，導致約定論的終結。

一言以蔽之，李氏的觀點是論證遊戲的多重性、多樣性與不可通約性的存在。他的觀點解除了對普遍歷史視界的辯護和對絕對

知識的辯護，從而使現代知識的形象出現衰落和無效性的慘淡景象。

李氏的後現代主義哲學勾勒了一幅當今科學知識的圖景，勾勒了一幅當今文化政治社會發展的圖景。他的分析總的說是大膽的，他哀悼學術的無效性，爲統一性、一致性、眞理、決定論舉行葬禮，爲認識論之死奏起哀樂。另一方面，他又論證了新的分析方法——語言遊戲，讓每個知識分子都加入到語言遊戲中去，讓哲學深入到語言遊戲中去，發掘新思想、新詞彙，大膽地表達自己的意見，以此來推動多重性、多樣化的發展，這無疑是一種貓哭耗子的做法。

李氏的研究給後現代狀況的發展起著推波助瀾的作用。他使現代社會中的學術倒地，使知識分子喪失了自己的神聖地位，他使用敍事、隱喻、文本、遊戲、話語等詞彙替代了過去的決定論、功能、機械論的術語，使知識結構非穩定化（instability）。他自己成了否定現代主義的英雄，但卻不對後現

代性所導致的混亂局面負任何責任，不對後現代的非決定性、非統一性、多樣性提出任何可以參照的有效解決方法。

在政治領域，李歐塔鼓吹一種絕對無政府主義的陳詞濫調，而實際上真正的政治卻與李氏所鼓吹的後現代主義相去甚遠。觀念上的政治後現代主義所產生的仍是推波助瀾的作用，它所產生的是在概念革命掩蓋下想像的變戲法式的政治吹噓和癱瘓的制度，卻沒有提出任何對這種政治吹噓和混亂狀況的解決方法，沒有給民主化的政治建設提供任何有參考價值的分析。他無疑是在引進政治動亂的種子，是在知識、政治、文化大廈的底部點了一把火，並使之毫無顧忌地燃燒起來，當這座大廈真正崩塌之後，他卻帶著諷刺性的快樂心情飄然離去，所留下的是原始的空白或混亂無序狀況。

儘管如此，李氏所引起的文化後現代主義風潮刮遍了全球，關於後現代主義的學說爭論在各國可見，他的影響不可低估，但他

的破壞性指導也未必十分有效。認真對待他
的後現代主義，對任何一種文化、任何制度
來說，都將是十分必要的。

參考書目

英文部分

1.J.F. Lyotard: *Discours, Figure.* Cambridge University Press, 1986.

2.—— *The Postmodern Condition.* Minnesota University Press, 1984.

3.—— *Just Gaming.* Minnesota University Press, 1986.

4.—— *The Differend: Phrases in Dispute.* Minnesota University Press, 1988.

5.Andrew Benjamin (ed.): *Judging Lyotard,* London, 1992.

6.Geoffrey Bennington: *Lyotard: Writing the Event,* Manchester University Press, 1987.

7.Julian Pefanis: *Heterology and the Post-modern: Bataille, Baudrillard, and Lyotard,* Duke University Press, 1991.

8.Richard Rorty: *Essays On Heidegger and Others* ——Philosophical papers vol.2, Cambridge University Press, 1991.

9.Edited by Joe Doherty, Elspeth Graham and Mo Malek: *Postmodernism and the Social Sciences,* Macmillan Academic and Professional Ltd, 1992.

10.Paul Feyerabend: *Farewell to Reason,* N.Y. 1987.

11.Arthur Fine: *The Shaky Game,* Chicago, 1986.

12.Ludwig Wittgenstein: *Philosophical Investigations,* N.Y.: Macmillan, 1953.

中文部分

1.丹尼‧貝爾：《後工業社會的來臨》，高銛
　等譯，商務印書館，1986.

2.理查德‧羅逖：《哲學與自然之鏡》，李幼
　蒸譯，生活‧讀書‧新知三聯書店，1987.

3.保爾‧費耶阿本德：《反對方法》，周昌忠
　譯，上海譯文出版社，1992.

4.維根斯坦：《邏輯哲學論》，郭英譯，商務
　印書館，1985.

李歐塔 　　　　當代大師系列 2

作　　者／鄭祥福

編輯委員／李英明　孟樊　王寧　龍協濤　楊大春

出　　版／生智文化事業有限公司

發 行 人／林智堅

副總編輯／葉忠賢

責任編輯／賴筱彌

執行編輯／鄭美珠

登 記 證／局版北市業字第 677 號

地　　址／台北市文山區溪洲街 67 號地下樓

電　　話／(02)3660309 · 3660313

傳　　真／(02)3660310

印　　刷／偉勵彩色印刷股份有限公司

法律顧問／北辰法律事務所　蕭雄淋律師

初版二刷／ 1997 年 1 月

定　　價／新台幣 150 元

總 代 理／揚智文化事業股份有限公司

地　　址／台北市新生南路三段 88 號 5 樓之 6

電　　話／(02)3660309 · 3660313

傳　　真／(02)3660310

· 本書如有破損、缺頁、裝幀錯誤，請寄回更換 ·

ISBN　957-8637-10-1

國立中央圖書館出版品預行編目資料

李歐塔＝Lyotard／鄭祥福著. --初版.
--台北市：生智，1995〔民84〕
面；　公分. --(當代大師系列；2)
ISBN 957-8637-10-1 (平裝)

1.李歐塔(Lyotard, Jean-Francois)
-學術思想-哲學

146.79   84001398